수정판

형평운동의 선도자
백촌 강상호

형평운동 100주년 기념

수정판

형평운동의 선도자

백촌 강상호

조규태 지음

한국문화사

형평운동의 선도자
백촌 강상호 수정판

1판 1쇄 발행 2023년 4월 25일

지 은 이 | 조규태
펴 낸 이 | 김진수
펴 낸 곳 | 한국문화사
등   록 | 제1994-9호
주   소 | 서울시 성동구 아차산로49, 404호(성수동1가, 서울숲코오롱디지털타워3차)
전   화 | 02-464-7708
팩   스 | 02-499-0846
이 메 일 | hkm7708@daum.net
홈페이지 | http://hph.co.kr

ISBN 979-11-6919-116-6 03990

· 이 책의 내용은 저작권법에 따라 보호받고 있습니다.
· 잘못된 책은 구매처에서 바꾸어 드립니다.
· 책값은 뒤표지에 있습니다.

오류를 발견하셨다면 이메일이나 홈페이지를 통해 제보해주세요.
소중한 의견을 모아 더 좋은 책을 만들겠습니다.

추천사

공평은 사회의 근본이요 애정은 인류 본래의 양심이라. 그러므로 우리들은 계급을 타파하며, 모욕적인 칭호를 폐지하며, 교육을 장려하여 우리도 참사람이 되기를 기약함이 본사를 만든 취지이라.

… 중략 …

우리 형평사는 시대의 요구보다도 사회의 실정에 따라 창립되었을 뿐만 아니라 우리도 조선 민족 이천만의 한 구성원이며 갑오년 유월부터 칙령으로써 백정의 칭호를 없앰에 우리도 평민이 되지 않았는가.
애정으로써 상호 도와 가며 생활의 안정을 꾀하며 공동의 존영(存榮)을 이루고자 이에 사십여 만이 단결하야 본사의 목적하는 바의 취지를 선명히 내세우노라.

이것은 1923년 4월 25일 진주에서 창립한 형평사(衡平社)의 주지(主旨)다. 형평운동은 조선 사회에서 가장 차별받던 백정들의 인권과 존엄성을 강조한 우리나라 최초의 반차별 인권운동이다. 형평운동을 주도한 단체의 이름을 저울(衡)처럼 평등(平)한 사회를 건설하기 위한 단체(社)라는 형평사로 정한 사실에서 알 수 있는 것처럼, 형평운동은 모든 인간들의 사회적 평등을 추구한 평등 운동이다. 이 고귀한 운동의 중심인물이 백촌 강상호 선생이다. 백촌 강상호 선생은 백정 출신도 아니었다. 양반 지주의 아들로서 기득권을 버리고 인권운동에 앞장서서 새(新)백정이라는 욕설과 돌팔매질을 당하는 험한 길을 숙명처럼 받아들이셨다.

형평사 창립 97주년을 맞아 백촌 강상호 선생의 전기를 조규태 교수께서 쓰기로 했다. 국어교육과 교수를 지내고 문장력이 뛰어난 분이지만 남아 있는 자료가 부실해서 구전(口傳)과 당시의 신문기사에 의존하는 어려운 작업을 펼친 끝에 책을 완성하셨다. 이 책을 앞으로 형평운동을 연구하는 학자들과 시민들이 많이 읽기를 바란다. 백정에 대한 형식적 신분차별은 없어졌지만 인간의 기본 권리를 훼손하여 사람답게 살 수 없도록 하는 갖가지 편견과 차별의 장벽이 우리 사회에 엄연히 존재하고 있기 때문에 형평정신은 여전히 소중하다. 가진 자와 못 가진 자 사이에, 배운 자와 못 배운 자 사이에, 남녀 사이에, 지역 사이에 아직도 우리 주변에 많은 차별이 존재한다, 따라서 형평운동은 과거의 역사적 사건으로만 그칠 것이 아니라 오늘날의 평등사회를 이루어가는 신호등 역할을 해야 할 것이다.

형평사 창립 97주년을 맞아
남성당 김장하

수정판을 내면서

나는 2020년에 지난 날 진주에서 일어나 전국으로 확산되어 간 형평운동을 세상에 널리 알리기 위해 이 일을 주도해 간 강상호 선생의 일대기를 <백촌 강상호>라는 제목으로 진주에 있는 펄북스라는 출판사에서 발행하였다.

올해는 1923년에 경남 진주에서 형평운동이 일어난 지 100주년이 되는 해이다. 진주에서는 모든 사람이 평등한 대우를 받으며 사는 세상을 만들기 위한 이 형평운동을 기리기 위해 형평운동 창립기념일인 4월 25일을 전후해 여러 행사를 기획하여 진행하고 있다.

나도 이런 분위기에 편승해 <백촌 강상호> 책을 더 발행하고자 했으나 펄북스가 문을 닫아, 부득이 다른 출판사에서 발행할 수밖에 없었다. 다행히 한국문화사에서 이 책을 발행해 줄 수 있다고 하여 펄북스의 도움을 받아 전자 출판을 병행해 발행하게 되었다. 두 출판사의 대표자들에게 감사의 말을 드린다.

초판 발행을 좀 서두른 탓인지 고칠 부분이 많았다. 그동안 여러 분들이 지적해 주신 것을 바탕으로 꼼꼼히 고쳐 <수정판>을 발행한다.

2023년 4월 25일 천안에서
달빛 조규태

1판 서문

나는 1981년에 경상대학교 교수로 부임한 이래 진주에 살면서 자연스레 형평운동을 알게 되었다. 그리고 경남문화연구소장이란 직책을 맡아 일하는 동안 <형평운동 70주년 국제학술회의>에 관여하면서 더욱 깊이 형평운동을 알게 되었다. 형평운동은 우리나라가 근대사회로 넘어오는 과정에서 일어난 인권운동이었다. 백정들에 대한 불평등한 차별을 바로잡기 위해 일어난 이 운동은 인류의 역사에서 인권 신장을 위해 일어난 중요한 인권 운동 중의 하나이며, 우리나라가 근대사회로 진입했음을 드러내 주는 중요한 징표 중의 하나였다.

그리고 나는 형평운동에 관심을 갖게 되면서 막연하게나마 이 운동을 주도해 온 분이 강상호 선생임을 알게 되었다. 그래서 강상호 선생에 대해 더 깊이 알고 싶었고, 기회가 되면 강상호 선생의 일대기를 쓰고 싶었다. 정년퇴임 후에 강상호 선생에 대한 자료를 모으기 시작했다. 가장 중요한 자료가 김중섭 교수가 지은 《형평운동연구》였다. 형평운동의 역사적 사실이 고스란히 담겨 있을 뿐만 아니라, 형평운동의 발생에서부터 소멸될 때까지의 역사가 체계적으로 잘 기술되어 있었다. 우선 이 책을 뼈대로 형평운동의 역사를 정리해 가면서 그 속에서 강상호 선생이 어떤 역할을 했는지를 간추렸다. 그리고는 강상호 선생의 자제인 강인수 씨가 쓴 《은총의 여정》에서 강상호 선생의 일대기에 보충할 수 있는 부분을 추려내어 정리했다. 이 일들을 해 가면서 형평운동에 관련해 보도된 일제강점기의 신문들을 검색해 사실 확인과 함께 인용할 필요가 있는 기사를 간추려 정리했다. 그 밖의 자료에서도 형평운동, 강상호 선생과 관련된 내용이 있으면 사실 확인과 함께 글 속에 보태 넣었다.

 이 책을 쓰면서 가장 아쉬운 것은 강상호 선생이나 형평운동에 직접 관여한 분들이 쓴 글이나, 형평사에서 직접 기록해 둔 글을 한 편도 찾지 못한 것이다. 당시의 생생한 글이 없으니 당시에 발간된 신문을 이용할 수밖에 없었다.

 미흡하나마 더 이상 미룰 수 없어 부족하나마 지금까지 정리한 글을 세상에 내어 놓는다. 김중섭, 강인수 두 분의 글이 없었다면 이 책을 쓸 수 없었을 것이다. 그리고 두 분은 형평운동에 관해 쓰신 글을 인용하도록 기꺼이 허락해주고, 원고를 검토해주어 고맙기 그지없다.

2020년 2월 진주 주약동 집에서
달빛 조규태

차례

추천사 ——— 5

수정판을 내면서 ——— 7

1판 서문 ——— 8

I장
인격의 형성

1. 출생과 성장, 혼인
——— 14

2. 교육
——— 22

3. 빈민 구휼 활동
——— 30

II장
사회 운동

1. 육영 사업
——— 37

2. 국채보상운동
——— 43

3. 항일 독립운동
——— 49

4. 《동아일보》진주지국장
——— 53

5. 형평운동을 시작한 이후의 사회운동
——— 56

III장
형평운동에 매진함

1. 백정이란 누구인가
   ——— 64

2. 형평운동이 일어나게 된 진주 사회의 배경
   ——— 73

3. 형평사 창립을 주도하다
   ——— 88

4. 형평운동을 구체적으로 실천해 가다
   ——— 108

5. 반형평운동 문제 해결을 위해 노력하다
   ——— 114

6. 형평운동의 발전을 위해 노력하다
   ——— 125

7. 형평사의 변질로 형평운동과 멀어지다
   ——— 146

IV장
형평운동을 그만둔 뒤의 삶

1. 일제강점기 후반
   ——— 152

2. 광복 직후와 한국전쟁 전후
   ——— 153

3. 만년의 삶
   ——— 162

4. 투병과 임종, 그리고 장례
   ——— 166

후기
   ——— 189
참고문헌
   ——— 204

백촌 강상호

I장

인격의 형성

1. 출생과 성장, 혼인

　　강상호는 1887년 6월 3일 진주군 정촌면 가좌리 449번지에서, 아버지 강재순과 어머니 전주 이씨의 장남으로 태어났다. 정촌면 가좌리는 조부 때부터 살아온 곳으로, 집안은 대대로 진주의 이름 있는 양반 가문이었고 부호였다. 아버지 강재순도 3천 석이 넘는 재산을 가진 지주였다. 일제강점기에 이곳에서 진주시 중성동 208번지로 이거하였고, 본적도 옮겼다. 그러다 다시 대안동으로 옮겼다. 아버지 강재순은 이곳 대안동, 당시 진주군 대안면의 면장을 지내기도 했다.

　　강상호의 처음 호적부(당시의 민적부)의 이름은 경호(璟鎬)였으나, 1916년 7월 15일에 상호(相鎬)로 이름을 바꾸었다. 강상호는 진주의

백촌 강상호가 출생·성장한 진주군 정촌면 가좌리 449번지 일대. 이곳은 지금 지번 주소도 진주시 가좌동 449-1~449-10으로 세분되고 현대식 주택지로 바뀌었다.

3대 토성 중의 하나인 진주 강씨(晉州 姜氏) 후손이다. 아버지가 진주 강씨 은열공파 26대손이니 강상호는 27대손이다. 강상호의 동생으로는 기호(箕鎬, 1889년 10월 5일~1916년 9월 5일), 영호(英鎬, 1899년 1월 6일~1950년 7월), 신호(信鎬, 1904년 6월 19일~1927년 6월 25일)가 있다.

강상호의 세 동생 중 기호에 대해서는 잘 알려져 있지 않으나, 영호, 신호에 대해서는 널리 알려져 있다. 두 동생의 삶을 살펴보면 강상호가 어떤 집안에서 태어나 어떤 가정환경에서 성장했는지를 잘 알 수가 있다.

강영호(호 우촌(雨村))는 서울 휘문중학교를 졸업한 후, 16살 되던 해에 일본으로 건너가 도쿄대학교에서 문학을 공부했다. 그는

강상호 가족 뒷줄 왼쪽부터 강상호, 강영호, 강신호 (강인수 제공)

진주교육지원청 앞에 있는
소년운동 발상지 기념비

문학 중에서도 아동문학을 전공했으며, 동화를 즐겨 썼다. 도쿄대학교 신문에 동화 〈조선의 넋〉을 발표해 좋은 반응을 얻었다. 이 밖에도 그는 천도교회 월보에 〈부부〉, 〈어둠 속에서〉 등 45편의 작품을 남겼다. 그러나 국내에는 그의 작품이 거의 남아 있지 않다. 아마도 한국전쟁으로 작품이 소실된 듯하다.

　　도쿄에서 문학 활동을 하던 그는 자연스레 일본 유학생 아동문학가들과 교류했고 이들과 함께 1923년 3월 아동문학동인회를 만들었다. 이 단체가 중심이 되어 '색동회'가 결성되고, 본격적으로 아동문학 활동을 시작했다.

정인섭의 《색동회 어린이 운동사》에 보면 강영호에 대한 기록을 찾을 수 있다. 1923년 3월 16일 일본 도쿄에 유학하던 한국 학생 몇 사람이 첫 모임을 갖고, 우리나라에서 처음으로 어린이 운동 단체를 만들자고 했는데, 이것이 '색동회' 창립을 위한 최초의 모임이었다. 그러면서 방정환이 중심이 되어 당시 그의 하숙집인 도쿄 시외 센다가야 온덴 101번지 '오이누마'라는 일본인 집에서 진주의 소년 운동가 강영호, 와세다대학교 역사과 손진태, 니혼대학교 예술과 고한승, 도요대학교 음악과 정순철과 조준기, 도쿄고등사범학교 영문과 진장섭, 유학생 정병기 등 8명이 모여 색동회를 창립했다. 그 후 조재호, 윤극영, 최진순, 마해송, 정인섭, 이헌구, 윤석중 등이 가입해, 동화와 동요를 중심으로 창작활동을 하고 일반 아동 문제까지 다루었다. 강영호 후손들에 의하면 강영호는 일제 강점기에 항일정신으로 진주소년운동에 참여했으며 색동회 활동에 많은 자금을 댔다고 한다.

강영호는 아동문학가이면서, 어린이운동가, 항일운동가였다. 그는 1920년 경남과 전남에서 항일 전단 수천 장을 뿌리려다 일본 경찰에 체포되기도 했다. 일제말기에는 일경을 피해 어지러운 사회 현실에서 벗어나려 광산 막장에서 일하는 등 초야에 묻혀 어렵게 살았다. 가족의 삶도 고달팠다. 광복 후 한국전쟁이 일어나던 해, 본인도 모르게 보도연맹 명부에 이름이 올라 54세에 억울한 죽음을 당했다. 그러기에 무덤도 없고 업적만 남아 있을 뿐이다.

강신호는 진주보통학교를 졸업하고 서울 휘문고등보통학교에 입학했다. 휘문고등보통학교 재학 시절인 1924년, 제3회 조선미술전람회에 〈아침의 정물〉로 입선했다. 졸업 후 일본으로 건너가 도쿄미술학교 서양화과에 합격했으며 입학과 동시에 신춘미술전람회에 〈작품 제9〉를 출품해 특선을 차지했다. 이 밖에도 중앙미술전에 〈정물〉, 〈의자〉 등을 출품해 입선했다. 1925년 여름에 진주성내 공원에서 자신의 조선미술전람회 입선작과 여러 점의 누드화를 포함한 작품들로 서양화 개인전을 열기도 했다.

강신호는 도쿄 유학 생활을 하던 중 1927년 여름방학을 맞아 고향으로 돌아와 7월 23일부터 26일까지 그동안 입선한 작품들과 동료 화가의 찬조 작품 30여 점으로 진주촉석공원 안에 있는 물산장려관에서 제2회 개인전을 준비하다가 남강에서 익사했다. 그때가 나이 23세였다. 당시《매일신보》는 그의 비보를 접하고 다음과 같이 애도했다.

"강신호 씨는 실노히 죠선이 나흔 텬재로 제전(帝展)에 입선된 것을 호시로 즁앙전(中央展)과 선젼(鮮展)에 두 번이나 특선의 영예를 입은 청년미술가로 실노히 반도미술계의 큰 손실이라 하겠다."[1]

1   《매일신보》, 1927년 7월 25일자

촉석루 아래 암벽에 강신호의 이름이 새겨져 있다.

전시회를 준비하다가 갑작스런 죽음으로 중단되었던 강신호의 제2회 개인전은 1927년 7월 19일부터 진주청년회의 주관으로 열렸고, 23세로 요절한 천재 화가의 넋을 기리기 위해 진주 촉석루 아래 암벽에 강신호의 이름 석 자인 '姜信鎬'가 새겨졌다.

1928년에는 그의 동료와 후배 화가들이 서울 천도교기념관에서 강신호의 유작전을 열어 강신호를 애도했다. 현재까지 전해지는 자료로 볼 때 경남 최초의 서양화가는 분명 강신호다.[2]

2 정재홍, 〈백촌 강상호의 두 동생 강영호와 강신호를 아십니까?〉

위의 기록으로 보아 강상호의 두 동생은 모두 서울에서 중고등학교를 졸업하고, 일본 도쿄에서 대학을 다녔음을 알 수 있다. 이 사실은 몇 가지를 말해 주고 있다. 첫째는 강상호의 집안이 매우 부유했음을 알 수 있다. 당시의 시대 상황으로 보아 어지간한 부호가 아니고서는 두 아들을 서울로, 일본으로 유학시킬 수 없었기 때문이다. 또 하나는 진보적인 사상을 가진 집안이었음을 말해 준다. 고루한 양반 집안이라면 있을 수 없는 일이었다. 이런 가정 형편은 강상호의 성장에 영향을 미쳤을 뿐만 아니라, 성인이 되어 여러 사회운동에 참여하는 바탕이 되었다.

강상호는 19세 되는 1905년에 경주 이씨 이규권의 딸, 이귀인과 결혼했다. 이귀인은 혼인 후 사별할 때까지 17년 동안이나 아이를 갖지 못했다. 그로 인해 중병을 얻었다. 남편의 대를 이어야겠다는 생각으로 죽기 2년 전인 1922년 1월 19일 당시 36세 된 남편과 18살이던 규수 이갑례의 혼인을 주선하고, 자신은 병가로 거처를 옮겨 살았다. 후처인 이갑례도 쉬 아이를 갖지 못해 우선 남편과 가까이 지내는 기녀 이춘엽이 낳은 아들 강동수를 이귀인의 호적에 양자로 입적했다. 이귀인은 1924년 4월 5일 38세의 나이로 별세했다.

그 후 이갑례는 딸 둘과 아들 둘을 낳았다, 첫째 딸은 계수(桂洙, 1929년 3월 4일~1982년), 둘째 딸은 남수(南洙, 1931년 12월 15일~)이며, 맏아들은 인수(寅洙, 1938년 5월 11일~), 둘째 아들은 해수(海洙, 1942년 1월 30일~2008년 7월)다.

2. 교육

강상호의 어린 시절은 아직도 한문이 통용되고 있었고, 더러 국한문을 쓰던 시대였다. 강상호도 7세 되던 1893년에 한학자 원충여의 문하생으로 서당에 들어가 한학을 공부했다. 그 후 신식 학교에 들어가 국한문으로 교육받았다.

18세 되던 1904년에 진주 낙육고등학교를 졸업했다. 낙육고등학교(이하 낙육고)는 낙육재(樂育齋)가 이름을 바꾸어 단 신식 관립 학교였다. 낙육고의 전신인 낙육재는 1721년 대구의 경상도 감영 내에 설립된 교육 기관으로 경남지역 유생들도 이곳에서 교육받았다. 그러다 1896년 경상도가 남북으로 분리되고 진주에 경상남도 감영이 들어서자 진주에도 낙육재가 생기게 되었다. 진주 선

낙육고등학교 졸업식 사진. 앞줄 왼쪽에서 다섯 번째가 강상호.

비 박재구 등이 진주에 낙육재를 설치해 달라고 탄원서를 제출해 승낙 받고, 밀양군에 있던 대구 낙육재 소유의 전답을 진주로 넘겨 진주 낙육재를 설립할 수 있었다. 그리하여 중안동 4번지 대사지 북쪽에 군대가 주둔했던 토포영 건물(지금 진주 중앙병원 자리)을 수리해 학당으로 사용했다. 그 후 경남낙육고등학교로 이름을 바꾸었다.

　1905년 11월 을사늑약 직후 전국의 유림들이 곳곳에서 일어나자 신암 노응규[3]가 이끄는 의병이 진주성을 점령했다. 이때 낙육고 청년 유생들도 동아개진교육회라는 이름으로 비밀회의를 개최하고 혈서로 연판장을 작성한 다음 일제 관공서를 습격하는 의거를 일으켰으나, 일본군의 공격을 받고 강제로 해산되고 주동자는 처벌되었다. 이로 인해 낙육고도 문을 닫았다. 그 후 일제의 감독을 받으며 다시 개교했으나, 군대가 해산되고 전국에서 의병들이 떨쳐 일어나자, 일제는 항일의병을 일으킬 것을 염려해 1909년에 낙육고를 폐교시키고 말았다. 이런 낙육고를 다닌 강상호가 항일 정신을 갖게 되고, 훗날 여러 항일 단체에 가담해 항일 운동을 하게 된 것은 자연스러운 일이었다.

　늦은 나이인 20세에 공립진주보통학교(지금의 진주초등학교)에 입학해 24세 되던 해에 졸업을 했다. 보통학교에 다니던 중 1909년 11월에 경남진주학생친목회 회장이 되었다. 강상호가 경남진주학생친목회 회장이 된 것은 늦깎이로 신식학교인 보통학교(요즘의 초등학교)에 입학한 데다 학생들로부터 통솔 능력을 인정받았기 때문이다. 강상호는 경남진주학생친목회장 명의로, 총무인 이주현과 함께《경남일보》1909년 11월 6일자 제3호에 다음과 같은

2　　신암 노응규(1861~1907): 전통 유학자로서 구한말에 진주를 중심으로 왜적과 맞서 싸운 대표적인 의병장이다.

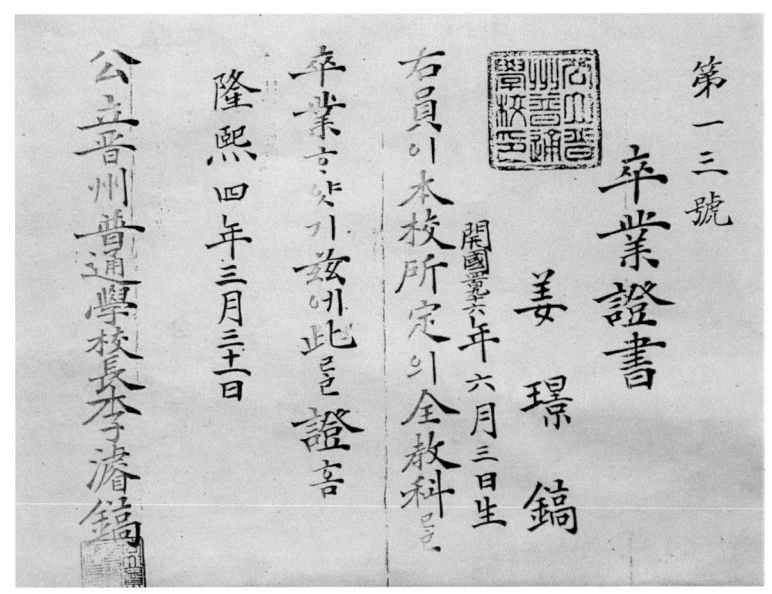
강상호의 공립진주보통학교 졸업장.(강인수 제공)

공립진주보통학교 제1회 졸업생.(강인수 제공)

창간 축시를 게재했다. 당시에 유행하던 창가 형식에 개화 의지를 담은 시다.

春秋史筆 지은後에   춘추 역사책을 지은 후에
忠臣賊子 알리로다   충신과 역적을 알리로다.
施賞施罰 머엇ᄒᆞ리   상 주고 벌 주는 일 무엇으로 하리.
筆之削之 可畏로다   글 쓰고 깎아내고 함을 두려워하리로다.
月朝評談 업서시면   매달 아침 비평하는 이야기가 없으면
如夢世界 어이ᄭᅦ리   꿈과 같은 세계 어떻게 깨어나리.
歐亞末辟 ᄒᆞ야실즉   유럽과 아시아가 멀고 편벽되어 있을 때는
車書不通 ᄒᆞ얏스나   한 수레의 글도 통하지 않았으나
萬國一室 되어신니   온 세계가 한 집 같이 되었으니
爾善我惡 可知로다   너의 선한 일, 나의 악한 일을 알 수 있으리로다.
競爭情況 모르시면   경쟁하는 정황을 모르면
坐井觀天 아닐넌가   우물 안 개구리가 하늘을 보는 것 아니리.
國民開發 機關되여   국민 개발 기관 되어
皇城帝國 이셔셔라   황제 국가 만들어라.
每人樂聞 ᄒᆞ여시니   사람마다 기쁜 소식 들으니
大韓精神 이안닌가   대한 정신이 이 아닌가.
朝發夕聞 至公ᄒᆞ니   아침에 일어난 일 저녁에 들음에 지극히 공정하니

前鑑後戒 되어셔라	앞선 일 거울삼아 뒷일 경계하리.
꺼라꺼라 ᄒᆞ는소리	깨어나라, 깨어나라 하는 소리
家喩戶說 갓것마는	집집마다 깨우치고 설득한 것 같건마는
慶南이여 우리慶南	경남이여, 우리 경남이여.
불문훈체 長睡ᄒᆞ나	못 들은 체 깊이 잠들어 있으나
有志君子 先覺ᄒᆞ샤	뜻있는 군자들이 먼저 깨우쳐서
慶南日報 創立일세	경남일보 창간했네.
꺼세꺼셔 우리꺼셔	깨어나세, 깨어나서 우리 깨어나서
日報보고 어셔꺼셔	경남일보 보고 어서 깨어나서
頑固舊習 雪消ᄒᆞ세	완고한 인습 씻어내고
敎育近學 進步ᄒᆞ세	교육으로 배워 익혀 진보하세
個人個人 悟醒ᄒᆞ면	사람마다 깨어나면
全國精神 차지로다	전국의 정신 선도하리로다.
慶莫大焉 慶南이여	크나큰 경사로다, 경남이여.
文明世界 可期로다	문명 세계 기약할 수 있으리로다.
贊頌이여 贊頌이여	찬송이여, 찬송이여.
親睦學生 贊頌이여	친목학생회 찬송이여.
千萬歲여 千萬歲여	천만세여, 천만세여.
慶南日報 千萬歲	경남일보 천만세.

일제강점시대 일본인들은 조선을 지배하고, 조선의 토지를

수탈하기 위해 전 국토에 걸쳐 토지 측량 사업을 감행했다. 이를 위해 측량학교와 측량강습소를 설립해 필요한 인력을 양성했다. 강상호는 보통학교에 다니던 시절 22세(1908년)에 보창측량강습소를 수료했다. 강상호가 이 강습소를 수료한 것은 아마도 신식 학문에 접하고 싶고, 측량 기술에 흥미를 느꼈기 때문으로 짐작된다.

보통학교를 졸업한 그해 1910년 6월에 24살의 나이로 요즘 고등학교에 해당하는 진주공립실업학교에 입학해 1912년에 진주공립농업학교 제1회 졸업생이 되었다. 이 학교는 다음과 같이 명칭과 학교급이 바뀌었다.

> 1910년 4월 진주에 실업 교육의 보급을 위해 기존의 관립 교육 기관인 낙육재의 건물과 제답을 기반으로 해 2년제 공립진주실업학교가 설립되었다. 이듬해 1911년에 교명이 진주공립농업학교로 개명되었고, 1931년 4월에 현재의 위치로 이전했다. 1946년 3월에 진주공립농림학교로, 같은 해 8월에 진주농림중학교로, 1951년 8월에 진주농림고등학교로 교명이 변경되었다. 1965년에 5년제 진주농림고등전문학교로 승격되었다. 1972년에 도립에서 국립으로 이관된 뒤, 1973년에 진주농업전문학교로 명칭이 변경되었다가, 1979년 학제 개편에 따라 진주농림전문대학으로 개편되었다. 1993년 진주산업대학교로 승격되었다

1960년대 진주농림고등학교 본관 전경.(현 경남과학기술대학교, 출처《진농·진산대 100년사》)

가, 2011년에 일반대학으로 전환되면서 경남과학기술대학교로 교명이 바뀌었고, 2021년에는 경상대학교와 통합하여 경상국립대학교가 되었다.[4]

이처럼 강상호는 어린 시절에는 한학을 공부했지만, 청소년기에는 여러 신식학교에 다니면서 새로운 서양 학문을 배웠다. 그러면서 자연히 세상의 변화에 눈뜨게 되고, 새로운 시대에 맞는 일을 해야겠다고 결심했다.

4   《경남과학기술대학교 100년사》

3. 빈민 구휼 활동

    31세가 되던 1917년 가뭄과 홍수로 강상호가 이전에 살던 진주시 정촌면 가좌리에도 이재민들이 많이 생겼다. 주민들의 고통을 본 강상호의 어머니가 먼저 나섰다. 거금을 내어 주민들이 살아갈 수 있도록 도왔다. 그리고 강상호는 동네 주민들의 어려운 생활을 도와주기 위해, 이때부터 주민들의 호세(戶稅: 주민세와 비슷한 지방세)를 매년 대신 납부해 주었다. 그리고 그 후 1925년에는 마을의 가난한 사람들을 도우기 위해 기금 200원을 기부했다. 주민들은 생활이 안정되자 강상호 어머니의 은덕을 잊지 않기 위해 <시덕불망비>를 세웠다. 이 비석은 지금 진주 새벼리에 있는 강상호의 묘소 앞에 세워져 있다.

전주 이씨 시덕불망비

정삼품 통정대부 강재순의 처
숙부인 전주 이씨 시덕불망비

殘區陋巷	무너진 곳 누추한 마을
視作福田	복전[5]을 돌보아 농사짓게 해 주시고
千金損義	천금을 바르게 쓰시어
十室得金	많은 집이 돈을 얻으니
山惠海澤	혜택이 산과 바다 같으매
嵬呼浩然	은덕이 높고 넓음을
刻石記念	돌에 새겨 잊지 않고
百世流傳	백세에 전하리라.

1917년 가좌리에 세움

강상호가 빈민을 구휼한 일은 1925년 4월 14일자 《동아일보》에 기사에 다음과 같이 실려 있다.

---

5   福田_복을 거두는 밭이라는 뜻으로, 여기서는 가난한 사람들, 또는 그들의 밭을 가리킴.

> 호세를 대납해
>
> 진주군 정촌면 가좌리 강상호 씨는 동리 주민 중 극빈자가 많아 늘 호세 등에 적지 않은 고통을 받는 데 동정해, 1917년부터 매년 60원씩 호세를 기부해 오던 중, 금년 3월에 다시 동리의 기본금으로 200원을 기부하고 극빈자의 피해가 없도록 함으로 동민 일동은 강 씨의 선행에 고마워함을 마지않는다고.[6]

흉년이 들었을 때 곳간을 열어 가난한 사람을 구휼한 어머니, 위기에 처한 나라를 구하고 새로운 시대에 적응할 수 있도록 사립진주봉양학교를 설립해 인재를 양성한 아버지, 그리고 사람 살이의 바른 도리를 가르쳐준 원충여 선생의 가르침이 강상호의 인격 형성과 젊은 날 백정의 신분 해방을 위해 형평운동에 몰두하게 된 바탕이 되었다.

[6] 《동아일보》, 1925년 4월 14일자

백촌 강상호

II장

사회 운동

강상호는 사회 활동을 시작하면서부터 아호를 백촌(栢村)이라고 했다. '백(栢)'의 훈은 '잣나무'다. 잣나무는 고소한 잣이 열리기도 하지만 사시절 푸르다. 가지가 튼튼해 씩씩한 기상이 있으며 거목이 된다. 이런 '잣나무가 있는 마을'을 아호로 삼은 것은, 세상이 늘 푸른 기상이 넘치는 넉넉한 마을이 되기를 바라는 마음에서였다. 백촌의 '백'은 '백정(白丁)'의 '백'과 음이 같다. 그러므로 '백촌'은 '백정과 더불어 사는 마을'이란 뜻으로 해석할 수도 있지 않을까 싶다. 강상호는 가지고 다니는 부채에 백촌(栢村)이란 글자를 써서 자기의 마음을 다잡기도 했다. 이 글에서는 지금부터 성인이 되어 본격적인 사회 운동을 시작한 '강상호' 선생을 존중하는 뜻에서 이름 대신에 '백촌'이라는 호를 쓰기로 한다.

1. 육영 사업

백촌이 육영사업에 관여하기 시작한 것은 29세 때부터였다. 29세 되던 1915년 5월 13일에 경남도로부터 진주공립보통학교 학무위원으로 위촉되었는데, 이는 백촌이 이 해부터 사립진주봉양학교(이하 봉양학교)의 운영에 직접 관여하고 있었기 때문이다.

진주에 최초로 세워진 근대교육기관은 1895년에 공립학교인 경상우도소학교(진주초등학교의 전신)였다. 이어 1897년에 낙육고등학교가 세워졌다. 사립학교로는 호주 선교사들이 세운 사립광림학교가 최초다. 민간인들이 세운 사립학교로는 1910년 봉양학교(봉래초등학교의 전신)가 최초였다.

사립진주봉양학교.(출처《한국향토문화 전자대전》)

따라서 봉양학교의 개교는 진주 사람들에 의한 최초의 사립 근대교육의 시작을 의미했다. 진주 유지인 강재순은 기울어 가는 나라를 일으켜 세우기 위해서는 인재를 양성해야 한다고 생각해, 1909년에 진주시 대안동에 사립양원야학교를 설립했다. 설립 당시 이 학교에는 40여 명이 수학했으며, 교장은 강재순, 교감은 김원로였다. 이 학교는 후에 재정이 열악해 제대로 운영되지 않다가 봉양학교로 전환되었다.[1]

1 《경남일보》, 1909년 11월 7일자

망국의 분위기가 짙어가던 1909년(융희 3년) 2월에 조선의 마지막 황제 순종은 공유재산을 최대한 활용해 각 지역에 학교를 설립하라는 칙령을 내렸다. 이에 따라 백촌의 아버지, 대안 면장 강재순은 진주 유지인 김원로 등과 힘을 모아 대안동 공유부지에 사립학교를 세웠다. 이 학교가 바로 봉양학교다. 이 학교는 대안1동 동유답 150두락과 대안2동 동유답 70두락 위에 세워졌으며, 당시까지 이 지역교육을 담당했던 강재순은 자신의 사숙(私塾) 겸 서재(書齋)인 '봉양재(鳳陽齋)'의 이름을 따 봉양학교라 교명을 지었다. 처음에는 학교가 들어설 자리에 농사를 짓던 대안1동과 2동 주민들이 봉양학교 건립을 반대하는 등 소동이 있었으나, 국가로부터 공식 인가를 받고, 건물을 새로 지어 1910년 5월 29일에 개교했다.[2]

그 당시 봉양학교를 세우는 데 이바지한 사람들은 초대 교장으로 취임했던 대안면장 강재순을 비롯해 남평 문씨라고 알려진 여성 독지가, 학교 설립과 인가 등의 실무에 공헌한 초대 교감 김기수, 김원로, 진주 대부호 김기태 등이었다. 국권상실로 조선은

---

[2] 조선총독부 내무부 학무국의 《조선인교육 사립학교 통계요람》(1915년, 대정 4년 5월말)에 의하면 (진주군) 보통사립봉양학교에 대해 설립자 강경호(姜璟鎬), 교장 김기소(金琪邵, 진주의 대부호였던 김기태(金琪邰)의 오자), 생도 68명으로 기록되어 있다.

일제의 식민지로 전락했지만 봉양학교는 근대 사립교육의 산실로 얼마동안 민족교육을 실시할 수 있었다. 1915년에는 학생 68명, 설립자 강경호(강상호), 교장 김기태로 《경남일보》 등에 기록돼 있다.

초대 교장 강재순의 장남인 백촌은 부친의 뜻을 받들어 본격적으로 애국계몽운동의 일환으로 교육운동을 시작했는데, 그는 부친이 문을 연 봉양학교를 1914년 무렵 확장하는 등 우리나라가 일제의 식민지가 된 이후에도 봉양학교 운영에 힘썼다.

봉양학교에서는 1910년 개교 당시 입학시험 과목이 산술을 비롯해 한문, 국문, 작문, 일어회화였으며, 입학생은 남자만 해당되었다. 겉으로 보기에는 실용적인 교육을 강조했지만 교육 방침과 내용은 민족정신을 일깨우는 것이었다. 따라서 봉양학교는 공립진주보통학교(지금의 진주초등학교)와 더불어 진주지역의 대표적인 교육기관으로 성장했으나 민족교육을 의심한 일제에 의해 감시와 간섭을 받다가 학교를 빼앗길 수밖에 없었다.

봉양학교가 사립에서 공립으로 넘어간 1919년은 진주지역 사회를 뒤흔들었던 3.1만세운동이 일어났던 해이다. 바로 이 운동에 주도적으로 참여해 실형을 선고 받고 복역한 사람들 중에는 봉양학교 출신들이 많았다. 실례로 진주 3.1운동으로 징역형을 받은 23명 중에는 백촌(징역 1년)을 제외하고도, 봉양학교 출신이 6명(박용근, 박진환, 장덕익, 이강우, 최용림, 정몽석)이나 되었다. 이러한 사실을

볼 때 봉양학교의 민족교육과 일제의 공립 전환은 서로 무관하지 않음을 짐작케 한다.

봉양학교는 3.1운동 직후인 1919년 5월, 학교 운영 주체가 일제로 바뀌어 공립으로 변경됐다. 그동안 봉양학교는 진주제2공립보통학교로 바뀔 때까지 졸업생 200여 명을 배출하는 등 진주 지역의 인재 양성 요람 역할을 했다. 이 학교는 일제강점시대에는 진주제2보통학교로 이어오다가 광복 후 봉래초등학교로 그 맥을 계속 이어가고 있다.

봉양학교의 최초의 설립자는 백촌의 아버지 강재순인 것으로 기록에 남아 있다. 설립자 이름은 강재순으로 되어 있지만, 구시대 사람이고 이미 70대인 사람이 학교를 운영하기는 어려웠을 것이다. 아마도 신식 교육을 받은 백촌이 아버지가 설립한 봉양학교를 처음부터 맡아 운영한 것으로 보인다.[3]

1915년의 자료에는 설립자가 백촌으로 되어 있는 것을 보면 이때에는 이미 학교 운영의 모든 책무를 백촌이 떠맡았던 것으로 짐작된다. 이처럼 백촌은 젊은 시절부터 육영사업에 관여했다.

백촌은 이 밖에도 진주 교육사에 길이 남을 '사립 일신고보 설립 운동'에도 관여했다. 1920년 3월에 사립 일신고보 설립 기성

---

[3] 1910년 11월 7일자 《경남일보》에 강주식, 강기석, 강경호 등이 봉양학교 유지를 위해 협의했다는 기록이 있다.

회가 만들어졌고, 그해 5월 1일에 발기인 대회가 열렸다. 이 발기인 명단에 백촌도 포함되어 있다. 이후 우여곡절 끝에 일신여고보가 설립되었지만, 학교 운영을 둘러싸고 갈등이 생기고 상황이 악화되자, 문제를 해결하기 위해 1925년에 시민대회가 열렸는데, 이 대회를 주도한 사회운동가들은 정성호, 김찬성, 강달영, 강상호, 한규성 등이었다. 이들의 노력에 의해 분규가 일단락되었다.[4]

4 《조선일보》, 1925년 12월 19일자, 1926년 1월 6일자.

2. 국채보상운동

　　백촌이 맨 처음으로 관여한 사회운동은 국채보상운동이었다. 국채보상운동은 일본에 진 빚을 갚아 나라의 재정을 튼튼히 하자며 1907년 대구에서 서상돈을 비롯해 김광제, 박해령 등 16명이 발기해 일으킨 민족운동이었다. 백촌은 21세의 젊은 나이로 이 국채보상운동에 참여하기 위해 '국채보상운동 경남회' 결성에 참여해 모금 활동을 했다. 아래는 국채보상경남회의 설립 취지서다.

대구에 있는 국채보상운동기념비(왼쪽)와 기념관.(국채보상운동기념사업회 제공)

국채보상경남회 취지서

발기인 강주식(姜周湜), 안헌(安憲, 安廊의 다른 이름), 강경호(1916년 강상호로 개명하기 이전의 이름) 등은 묻기를 '나라의 근본은 무엇이며, 백성의 근본은 무엇인가? 충효인가, 재정인가? 충효도 없어서는 안 되지만, 재정도 없어서는 안 된다. 옛날에 관자(管子: 管仲)가 말하기를 '의식이 풍족해야 명예와 치욕을 안다.'고 했다. 동공(董公: 董仲舒)이 말한 '하늘은 안다.'고 할 때의 하늘이란 왕사를 이루어줄 수 있는 것이어야 한다, 우리 한국은 어째서 근래에 들어 황실, 공탕(公帑), 관용(官用), 민정(民情) 이들로 인해 외채가 1300만여 원에 이르렀는데, 저들에게 모욕을 당하면서도 오히려 꿀처럼 달게 여기는가? 아아, 탄식할 일이로다, 우리 형제여! 누가 이를 인내할 수 있으리오? 의지는 삼가지만 실천하지 못하고 두려워하지만 행동하는 것을 잊어버렸다. 이에 김광제(金光濟), 서상돈(徐相敦) 두 분이 맹연히 분기해 이러한 뜻을 창도해 비록 천한 과부라 하더라도 이를 이해하고 식량을 줄여 즐거운 마음으로 부조하게 하니, 아아! (국채를) 갚을 수 있을 것이다.

그러나 경남 동포는 간혹 조금 이러한 뜻을 흥기시키려는 사람은 있지만 오히려 그들에게 미치지 못하고 혼매한 자들이 많아 외채를 갚지 않으면 나라가 없어질 것이라는 것을 깨닫지 못하니 얼마나 탄식해야 미칠는지.

지금 우리 본회 지국이 진실로 국채라고 칭하는 것은 '대롱을 기울여 하늘을 보는 것'과 흡사하지만, 태산을 바라보며 넘지 않고 물러서는 것은 힘을 아끼는 것이요, 개천이 모여 흘러가 바다가 되는 것은 이치상 그러함이 있는 것이다.

이에 감히 우리들은 똑똑하지 못한 것은 생각하지도 않고, 뜻을 발동해 이 회를 조직해 동포의 참여를 바라니, 아, 우리 경남 동포여! 특히 충의의 씩씩한 기상을 격발시켜 자기의 부귀를 돌아보지 말고 충효로서 대의를 이루지 않겠는가? 국가가 살찌면 백성도 살찌게 되고, 국가가 병들면 자기도 병드는 것은 생각해 보면 이미 잘 알 것이다. 언젠가는 마침내 힘을 보태고 뜻을 같이해 나라의 도랑같이 쏟아지는 국채를 갚고 외우를 씻어 안정되게 해 부모의 나라에서 안락을 누려야 되리니, 피눈물을 흘리며 공경해 요청하노라.

1. 본회의 목적은 국채 보상을 위해 조직되었기에 '국채보상경남회'라 한다.

1. 대소 인민의 성금은 다소를 불문하고 받는다.

1. 성금을 낸 성씨명은 신문에 기재한다.

1. 본회는 만기 기한 후에 해산한다.

1. 사무소는 진주읍 대안1동 강주식 집으로 한다. 개회 일자는 이 달 9일로 한다.[5]

5   《대한매일신보》, 1907년 3월 28일자. 현대문으로 번역.

경남지역 국채보상운동은 강주식, 안헌, 백촌 세 사람이 주동이 되어 '국채보상경남회'를 설립하고부터 시작되었다. 안헌은 당시 광림학교 교사였고, 강주식은 진주의 유지였고, 백촌은 사회운동에 관심이 있는 진주 유지의 아들이었다. 이 운동에 여러 사회단체가 가담하였고, 특히 기생들도 참여했다. 백촌은 당시 진주 객사 입구에 높은 단을 세우고 그 위에서 지나가는 행인들을 상대로 국채보상에 관해 홍보하며 모금했다.

3. 항일 독립운동

백촌은 24세 되던 1910년 7월에 진주공립실업학교 학생 시절 일제로부터 주권을 되찾자고 강연을 한 적이 있으며, 강재관, 서강돈 등과 상의해 학생 1,000여 명을 촉석루에 모아 독립을 부르짖기도 했다.

진주의 기미만세운동은 1919년 2월말에 김재화, 정용길, 심두섭 등이 고종 황제의 인산에 참여하기 위해 서울에 다녀온 데서 시작되었다. 이들은 1919년 3월 1일에 서울에서 대대적인 독립만세운동이 일어난 것을 목격하고 큰 감동을 받았다. 독립선언서와 격문을 휴대하고 진주로 돌아오자, 집현면 하촌리에 있는 김

진주 기미만세운동 기념종탑.
(진주교회 제공)

재화의 집에서 강달영, 권채근, 김재화, 박진환, 심두섭, 이강우, 정용길 등이 독립만세운동을 일으킬 구체적인 방법과 시기 등을 논의했다.

진주의 대대적인 항일 시위는 3월 18일부터 시작되었다. 이날 새벽에 시위를 호소하는 애국격문이 게시되었다. 그리고 진주의 독립만세운동을 총지휘한 것은 김재화였다. 김재화는 '교유문'을 지어 만세운동을 주도했다.

3월 18일 진주 장날, 12시에 진주교회의 종각에서 종소리가 울리는 것을 신호로 진주 시내 일원에서 독립만세운동이 일어났다. 시장(남문 안)에서는 박진환, 강주환이 단상에 올라 독립선언서를 낭독하고 격문을 배포한 뒤, 대한독립만세를 외치며 사람들과 시내를 행진했다. 법원 앞에서는 심두섭과 이강우가, 공원(촉석광장)에서는 백촌과 정준교가, 매립지에서는 김재화, 강달영, 권채근이 독립만세운동을 주도했다.

1936년《경상남도 경찰부 고등경찰관계적록》을 보면, '배일사상을 지닌 박진환, 이강우, 강대창, 박용근 등이 주모자가 되어, 3월 18일 진주 장날에 맞추어 기독교 예배당이 알리는 정오의 종소리를 신호로 일제히 대한독립만세를 외치며 약 1만 명의 군중이 금정동 재판소 앞에서 남쪽으로 행진하고 남강 다리 일대에서는 다시 본정동으로 일대 시위운동을 감행하고 소요 사태를 크게 하는 것을 진주경찰서와 경남경찰부의 경찰들, 그리고 일본군 헌병대원들과 힘을 모아 소방대를 지휘해 군중을 해산하고 주모자급 관계자로 지목되는 300여 명을 검거하고 진압했다.'고 기록하고 있다.[6]

백촌은 당일(3월 18일) 체포되어 진주경찰서에 구금되어 취조를 받았다. 백촌 등이 일으킨 진주의 기미만세운동에 대해, 1919년 6월 17일 대구복심법원의 판결문에는 다음과 같이 기록하고 있다.

> 그 날은 각자 분담을 정해 이강우, 심두섭은 법원지청 앞에서, 김재화, 강달영, 권채근은 매립지에서, 정준교, 강상호는 공원에서, 강주한, 박진환은 시장에서 각각 (만세)운동을 개시할 것을 약속한 사실은 틀림없다.

백촌은 독립만세운동을 주도한 혐의로 1919년 4월 18일 부산지법 진주지청에서 징역 1년을 구형받았다.[7]

그리고 1919년 4월 22일 징역 1년을 선고받아,[8] 진주감옥소에 있다가 항소해 대구형무소로 이감되었다. 6월 7일 대구복심법원에서 6개월 언도를 받고 복역하였으나, 11월 3일 출소명령에 따라 11월 5일 대구형무소에서 가출옥했다.

---

6 《고등경찰관계전록》, 경상남도경찰부, 1936년 12월, 10~11쪽.
7 《매일신보》, 1919년 4월 23일자.
8 《고등경찰관계전록》, 경상남도경찰부, 1936년 12월, 10~11쪽.

4. 《동아일보》 진주지국장

백촌은 1919년 11월 5일, 대구형무소에서 석방되던 날, 마중 온 가족들로부터 상해에 임시정부가 수립되었다는 말을 들었다. 백촌은 보안법을 위반했다는 죄목으로 억울하게 감옥살이를 하고 풀려난 터라, 나라를 되찾기 위해 임시정부를 수립했다니 기쁘기 그지없었다. 백촌은 임정 수립 소식을 듣고 조국을 되찾을 수 있다는 희망을 가졌다. 자신도 나라의 독립을 위해 보람 있는 일을 해야겠다고 결심했다.

백촌이 집으로 돌아와 몸을 추스르고 있을 때, 서울에서 김성수 선생 일행이 백촌을 방문했다. 《동아일보》 창간에 동참해 달

《동아일보》 창간 당시의 백촌(가운데)과 김성수(오른쪽).(강인수 제공)

라고 요청하기 위해서였다. 백촌은 즉시 승낙하고 상당한 금전을 내놓았다. 백촌은 34세 되던 해에 《동아일보》 창간 발기인이 되었으며, 《동아일보》 초대 진주지국장을 맡았다. 당시는 진주가 경남의 도청소재지인 까닭에 진주 지국 산하에 하동, 통영, 거창 분국을 두었으며, 사천, 곤양 판매소를 두었다. 백촌의 진주 지국장 재임 기간은 1920년 4월부터 1921년 1월까지였다. 아마도 당시에 백촌은 이미 진보적인 젊은 진주 유지로 널리 알려져 있었기에 언론사의 지국장이 될 수 있었을 것이다.[9]

인촌 김성수(왼쪽)와 백촌 강상호

9 《동아일보》, 1920년 4월 1일자.

5. 형평운동을 시작한 이후의 사회운동

백촌은 1923년 4월 25일에 형평사를 창립해 1935년 형평사가 변질될 때까지 형평운동에 혼신의 힘을 쏟았다. 이런 형평운동을 하는 동안에도 여러 사회운동에 참여했다. 시간적으로는 형평운동이 시작된 1923년 이후의 활동이긴 하지만 형평운동과 분리하기 위해 여기에 몰아서 기술하기로 한다.

진주노동공제회는 1920년 4월에 서울에서 결성된 전국적인 노동 단체인 조선노동공제회의 하부 조직으로, 1922년 2월 19일에 발기 모임을 통해 발족되었다. 이 단체는 주로 소작농의 권익을 신장하기 위해 만들어졌다. 당시 조선사회에서는 소작료가 심지어 7할이나 8할에 이르는 등 지주의 횡포가 심했다. 진주노동 공제회에서는 소작료를 5할로 내릴 것을 주장하고, 지주에 대한 무상 노역 폐지 등의 활동을 했다. 백촌이 37세 되던 1923년 8월 11일에 진주노동공제회 집행위원회가 열렸는데, 이 날 회의에서 백촌은 회계를 맡게 되었다.[10]

38세 되던 1924년 1월 8일에 일본인 시미즈 사타로(清水佐太郎)의 저울 부정 사건을 폭로하는 시민대회가 개최되었다. 이 모임에서 실행위원을 선정하였는데, 백촌도 이 실행위원에 선임되었다. 이 사건은, 경상남도 평의원이며 일본인 사회의 유력자인 시미즈 사타로가 목화 전매권을 가지고 있었는데, 저울을 조작해 부정한 이익을 취하다가 발각된 사건이다. 진주의 사회운동가들이 시미즈 사타로를 규탄하는 시민대회를 개최하고 진상을 규명하는 일을 벌였는데, 백촌도 여기에 적극 가담한 것이다.[11]

38세 되던 1924년에 10월 18일에 진주의 지식인들을 중심으로 동우사를 조직하는 데 발기인으로 참가했다. 이 단체는 새로운 사상과 무산 계급의 지식 계발을 목적으로 만들어진 이념 단

---

10   《동아일보》, 1923년 8월 22일자.
11   《동아일보》, 1924년 1월 9-11일자, 19일자.

체였다. 이 단체 구성원들 중에는 공산주의 이론에 심취한 사람들이 많이 있었지만, 백촌은 조선공산당에 가담하지도 않았고, 공산주의 운동에 참여하지도 않았다.[12]

일제는 조선을 항구적으로 지배하고, 중국 대륙을 침략하기 위한 교두보로서 부산포를 지목하고, 부산을 개발하기로 작정했다. 그 첫 작업으로 부산과 서울을 잇는 경부선 철로를 부설했다. 경부선은 1905년에 개통되었다. 그 다음 작업은 진주에 있던 경상남도 도청을 부산으로 옮기는 일이었다. 조선총독부는 진주를 비롯한 서부 경남 사람들이 반발할 것을 예상하고 은밀히 진행했다. 1909년 경남 관찰사인 황철(黃鐵)이 도청을 부산으로 이전한다고 말한 것을 비롯해, 이 문제가 표면에 떠오를 때마다 진주 시민들은 집단적으로 반발했다. 그때마다 총독부는 도청 이전 계획을 부인했다. 심지어 1924년 8월 6일에 시민 대표들이 총독부를 찾아가 항의하자, 이때에도 총독부 관리들은 이전 계획이 없다고 답변했다. 그러나 총독부는 부산에 도립 자혜병원으로 짓던 건물을 완공하자, 이곳에 도청을 이전하기 시작해 1925년 4월 1일에 부산 청사에서 업무를 보기 시작하였고, 4월 17일에는 이전 자축식을 열었다.

---

12 《동아일보》, 1924년 10월 31일자.

1924년 12월 8일 조선총독부에서는, 경남 도청 소재지를 부산으로 이전하며, 4월 1일부터 부산 신청사에서 업무를 개시한다고 《조선총독부령 관보》 제76호에 게재했다. 이로써 은밀히 추진해오던 도청 이전을 노골적으로 드러내었다. 총독부의 경상남도 도청 이전에 대해 경남의 각 지역들은 부산과의 거리에 따라 다른 견해를 갖고 있었다. 마산, 진주, 창원, 함안, 의령, 고성, 사천, 통영, 남해, 합천, 산청, 함양, 거창, 남해, 하동 등 1부, 14군은 반대하였지만, 양산, 부산, 동래, 김해, 밀양, 울산 등 1부 5군은 찬성했다.

백촌은 진주 유지로서 도청이 부산으로 이전되기 전이나 이전 이후에도 이전 반대 운동에 적극 참여했다. 1924년 12월 17일 백촌은 신현수 등과 같이 도청 이전에 찬성하던 밀양 시민들을 설득하기 위해 도청 이전 반대를 위한 시위를 벌였다. 두 사람은 당일 구속되었다가 이틀 뒤인 19일 풀려났다.[13]

1925년 1월 9일에는 진주 도청 마당에서 도청 이전 반대를 위한 모임이 개최되었다. 이 모임에서 도청 이전 반대 실행 위원을 개선하였는데, 강상호도 이 위원 중 한 사람으로 선출되었다.[14]

39세 되는 1925년 1월 11일 도청 이전 방지 동맹회 활동을 하다 경찰에 끌려갔으나 곧 석방되었다.[15]

---

13   《동아일보》, 1924년 12월 21일자.
14   《동아일보》, 1925년 1월 13일자.
15   《동아일보》, 1925년 1월 15일자.

백촌은 도청 이전 반대 운동이 일제의 간계로 무산되었으나, 39세 되던 1925년부터 41세 되던 1927년까지도 각종 사회 운동 단체에 가담해 한국 사회의 발전을 위해 노력했다. 39세 되던 1925년 1월 19일에는 진주 사회운동자 신년 간친회 경과보고 건으로 인해 일본 경찰에 검거되었다.[16]

　　41세 되던 1927년 4월 7일에는 진주사회운동협의회 창립에 관여했다.[17]

　　1926년 6월 10일 순종의 인산을 계기로 일제에 맞서는 국내 유일의 민족유일당운동 단체인 신간회가 신석우, 이상재, 안재홍 등이 중심이 되어 1927년 2월에 서울에서 창립되었다. 이후 전국적으로 지회가 조직되었는데, 백촌이 41세 되던 1927년 9월 16일에 진주에서도 신간회 진주지회 설립을 위한 준비 위원의 모임이 있었다. 이어 진행된 1927년 9월 19일의 신간회 진주지회 설립 대회에서, 회장은 박재표, 부회장은 이풍구, 간사는 백촌이 선출되었다. 1931년 이 단체가 해산될 때까지 백촌은 이 단체를 중심으로 열심히 민족운동을 했다.

　　이처럼 백촌은 형평운동을 일으키기 전후에 여러 사회단체

16　《동아일보》, 1925년 1월 23일자.
17　《동아일보》, 1927년 4월 11일자.

에 가담해 한국 사회를 새로이 변화시키기 위해 노력했다. 그 변화는 한국 사회를 전제 군주 국가에서 자유 민주주의 국가로 변모시키는 것이었으며, 백촌이 활동하던 시대가 그 변화의 초창기였다. 여러 단체에서 활동하는 동안 백촌은 새로운 변화를 받아들이고, 동시에 점차 지도자로서의 역량을 키워갔다.

백촌 강상호

Ⅲ장

형평운동에 매진함

1. 백정이란 누구인가

조선시대는 사람의 신분을 크게 양인과 천민 두 부류로 구분했다. 양인은 조세와 부역을 바칠 의무가 있었으며, 관직에 진출할 수 있었다. 그리고 양인은 지배 계층인 양반과 중인, 그리고 피지배 계층인 상민으로 구분되었다. 반면에 천민은 조세와 부역의 의무는 없지만 국가나 개인에 예속되어 각종 천한 일을 담당했다. 그러므로 법적으로는 양인과 천민으로 구분 되어 있지만, 실제로는 양반, 중인, 상민, 천민의 네 신분으로 구분되었다.

지배 계급으로서 문반과 무반의 벼슬살이를 하는 양반이 최상위의 신분이었다. 그 다음 신분이 중인이었다. 이들은 주로 각 관청에서 양반이 하는 일을 보조하는 서리나, 역관, 의관 등 전문

소가죽을 말리는 백정

기술직의 일을 맡아했다. 다음으로는 서인, 또는 상민이라고도 부르는 절대 다수의 사람들로서 주로 농사를 짓고 사는 신분이었다. 마지막으로 가장 낮은 신분에 속하는 천민은 대부분은 노비였다. 노비에는 관비와 같은 공노비와 개인이 소유하는 사노비가 있었다.

그런데 천민에 속하는 또 다른 부류로는 역리, 광대(廣大, 직업적 예능인), 무격(巫覡, 무당과 박수), 백정 등이 있었다. 이 천민 중에서도 일반인들로부터 가장 천대를 받은 신분은 백정이었다.

백정이 어떤 사람이었는지에 대해서는 여러 문헌에 기록되어 있는데, 이 가운데 한국정신문화연구원에서 발행한 《민족문화백과대사전》에 비교적 소상히 기록되어 있어 '백정' 항목에 서술된 내용을 다소 수정해 옮겨 싣는다.

조선시대의 백정은 그 이전의 재인(才人)과 화척(禾尺)을 합해 통칭한 신분이라 생각할 수 있다. 그러나 문헌에 따라서는 조선시대 백정의 전신은 화척이고, 재인은 백정 계열과는 다른 계층인 것으로 설명하고 있다. 즉, 그 이전의 화척을 '화척' 또는 '백정'이라 하고 재인은 '재인'이라고 표현하고 있는 것이 그것이다. 또한 《경국대전(經國大典)》에서도 재인과 화척을 구분해 설명하고 있는 것으로 보아 재인과 백정은 엄격히 구분되는 것이다. 따라서 재인과 백정이 모두 원래 유목민족 출신으로 그 생활상에 차이가 없으며 직업에 있어서도 큰 차이가 없지만 조선시대의 백정은 재인과 구별되는 것이다. 즉 그 이전의 화척이 개명된 것이라 보아야 옳다.

이러한 조선시대 백정의 기원은 멀리는 삼국통일 때까지, 가까이는 신라 말, 고려 초까지 소급된다. 즉, 당시의 혼란한 상황에서 말갈인·거란인들이 우리나라에 흘러 들어와 양수척(楊水尺)이라는 이름으로 정착했다. 이들이 그 뒤 화척으로 변모했다가 조선시대에 백정으로 개칭된 것이다. 이들 백정은 고려 이후에도 대내외적 혼란기를 틈타 계속적으로 한반도에 유입되었다. 따라서 조선시대의 백정 또는 그 전신인 화척은 대개 유목민족 출신이라 하겠다. 그런데 이들은 조선 사회에 정착하면서도 유목민족의 생활 습속을 버리지 못했다. 즉, 그들의 일부는 이동 생활을 하면서 수렵·목축을 하거나 유랑 생활을 했다. 또한 이러한 유목 민족적 특성으로 인해 생활에 어려움이 생기면 자주 민가를 습격해 재물을 약탈하거나 방화·살인 등을 자행하기도 했다. 또한 이들은 외적과 내통하거나 외적으로 가장해 난을 일으키기도 했다. 즉, 고려 말기에는 양수척들이 침입해 들어오는 거란병의 향도 구실을 했고 왜구로 가장해 노략질을 자행하기도 했다. 이러한 작란(作亂)은 조선 초기에도 계속되었다.

한편 조선 사회에 정착한 이들 백정의 일부는 유목민적 생활의 연장으로서 고리 제조와 판매, 육류 판매 등의 상업에 종사해 그들이 제조한 유기를 공납하기도 했다. 또 그들은 수렵·목축 등의 생활에서 터득한 짐승 도살의 기술을 살려 우마(牛馬)의 도살업에도 진출했다. 이 우마의 도살과 그 판매는 상업상 큰 이익을 남길 수 있었으므로 백정들은 생활의 적극적 방편으로 삼았고 독점성까지 띠게 되었다. 조선 초기에는 백정 이외에도 거골장(去骨匠)이라 하는 양인 출신의 전문적 도살업자가 있었다. 그러나 조선 중기 이후로 이들 거골장이 사라지면서 도살업은 백정들에 의해 독점되었다. 그리해 이 도살업은 백정들의 대표적인 직업으로 발전해 갔다. 이와 같이, 조선시대의 백정들은 유랑·수렵·목축·절도·도살·이적 행위·고리 제조 등을 주된 생활 방편으로 삼았다. 반면 농경에는 별로 종사하지 않았을 뿐 아니라 그들만의 집단을 형성해 주거했기 때문에 사회적으로 큰 혼란을 야기했다.

그러므로 조선왕조의 지배층들은 서울과 지방에 산재한 백정을 모두 찾아내어 각 방(坊) 및 촌(村)에 나누어 보호하도록 했다. 동시에, 장적을 만들어서 백정의 출생·사망·도망 등을 기록, 보고하도록 했으며, 도망하는 자는 도망례(逃亡例)에 의해 논죄했다. 또한 이들을 농경 생활에 정착시키기 위해 토지를 지급하기도 하고 혼혈정책·행장제(行狀制), 군역에의 동원 등을 시행했다. 즉 국가는 이들 백정을 농경에 종사시키기 위해 토지를 지급하고 호적에 편입시켰을 뿐 아니라 국역에도 편입시켰다. 그리고 능력 있는 자는 향학(鄕學)에 부시(赴試, 시험에 응시함)할 수 있게도 했다. 한편 그들만의 집단적 생활을 금지하고 일반 평민과 함께 섞여 살도록 했으며, 평민과의 혼인을 장려함으로써 그들의 거친 유목민적 기질을 순화시키고자 했다. 뿐만 아니라 국가는 이들의 유랑을 막기 위해 그들이 이동할 때는 반드시 관에서 발급하는 행장을 소지하게 했다. 또한, 그들의 민첩하고 강인한 기질과 유능한 마술(馬術)·궁술(弓術) 등을 이용하고자 군역에 편입시키고 내란·외란 등의 진압에 동원하기도 했다.

그러나 이들을 군역에 동원하는 정책을 제외하고 나머지는 실효를 거두지 못했다. 즉 유랑에 익숙했던 이들 백정들은 영농 생활에 쉽게 적응할 수 없었다. 일반 평민들은 천한 이들과 혼인하기를 꺼렸으며, 지방 수령들이 행장제 시행 과정에서 여러 가지 폐단을 야기했다. 따라서 이러한 국가적 노력에도 불구하고 이들 백정은 농경에 정착하지 못했다. 그러나 조선 중기 이후부터는 이들의 집단적 유랑이나 사회적 작란 등은 거의 없어졌다. 그 대신 이전부터 행해 오던 직업인 고리 제조·도살업·육류 판매업 등에 활발히 진출했다. 또한, 조선 중기 이후에 이들의 일부는 지방 토호들에게 점유되어 사노비와 비슷한 처지로 변모하기도 했다. 이 경우에도 그들은 주로 토호의 요구로 도살에 종사했다.

이와 같은 조선시대의 백정은 신분적으로 천인이었으므로 기본적으로는 국가에 대한 각종의 부담이 없었다. 그러므로 일반 평민 중에서도 생활이 곤란해지면 백정으로 변신하는 자의 수가 매년 증가함으로써 백정의 수는 점점 증가해 갔다. 일제강점기에 조선총독부가 조사한 바에 따르면, 당시 전국에 산재해 있던 백정의 호수와 인구는 7,538호에 3만 3712명이었다고 한다.

천민으로서의 백정은 1894년(고종 31)의 갑오경장으로 법적으로는 신분이 해방되었다. 법제적으로 1894년 이후에는 백정이라는 신분층은 존재하지 않았다. 그러나 조선왕조 500년을 통해 지속되었던 일반민의 이들에 대한 차별 의식은 해소되지 않았다. 이들과의 혼인은 물론 같은 마을에서 생활하는 것조차 꺼렸다. 뿐만 아니라 이들은 자녀의 교육 문제에서 심한 차별을 받았고, 각종 연설회·유희회에의 참가를 거부당했으며, 촌락의 공동 행사와 의복착용·음주 등에서도 차별 취급을 받았다. 결국 조선 말기와 일제강점기에 들어와서도 백정 신분은 엄연히 존재했다.[1]

백정들이 남들로부터 차별을 받은 데 대해서는 김중섭 교수가 지은 《사회운동의 시대》에 자세히 서술되어 있어 이를 인용해 이해를 돕고자 한다.

조선 사회에서 백정들은 기와집에서 살거나, 명주옷을 입거나, 망건을 쓰거나 가죽신을 신는 것들이 허용되지 않았다. 상투를 틀지 못하였고, 외출을 할 때에는 평양자(平涼子, 패랭이)를 써야 했다. 옷차림의 차별 관습은 신분 질서의 상징이었다. 그러므로 옷차림만 보아도 사람들은 그들의 신분을 알 수 있었다. 백정들

---

[1] 《한국민족문화대백과사전》 제9권, 한국학정신문화연구원, 1991년, 439~441쪽. 필자가 다소 수정하였음.

은 작명이나 관혼상제에서도 차별을 겪었다. '인(仁), 의(義), 효(孝), 충(忠)' 같은 고상한 의미를 가진 글자를 이름에 넣을 수 없고, 그 대신에 '피, 돌, 석' 같은 천한 의미의 글자를 주로 섰으며, 항렬도 나타낼 수 없었다. 또 비백정들이 백정과의 혼인을 금기시해 백정들끼리 결혼을 했으며, 결혼식에서도 말이나 가마를 타지 못하였고, 결혼의 상징으로 비녀를 꽂아 머리를 올리지 못하고 둘레머리를 했다. 장례 때에는 상여를 사용할 수 없었고, 묘지도 비백정들의 묘지와 분리해 썼고, 가묘(家廟)도 만들 수 없었다. 특히 백정과 비백정과의 결혼이나 묘지의 공동 사용은 20세기 초에도 여전히 금기시되었다.

백정들은 비백정들과 교제할 때에도 지위가 낮다는 것을 표시해야만 했다. 나이가 어린 사람, 심지어 어린 아이에게조차 항상 고개를 숙이고 자신을 소인이라고 부르며 최상의 경의를 표시했다. 상민들 앞에서 담배를 피우거나 술도 마실 수 없었다. 비백정들과의 대화를 할 때도 존댓말을 쓰면서 하댓말로 대꾸를 받았다. 비백정 집에 갔을 때에는 뜰아래에서 머리를 조아리며 존대어를 써야 하고, 길을 갈 때에도 항상 비백정보다 뒤처져 따라 가야 했다. 또 공공 집회 장소에 출입할 수 없었고, 사회 집회나 교류에서 차별 대우를 받았다. 만약 백정들이 차별 관습을 어길 경우에는 마을 주민들로부터 감금을 당하거나 매 맞는 등 집단 사형(私刑)을 받는 것이 예사였다. 게다가 국가에서조차 백정들을 차별했다. 백정들은 호적(戶籍)에도 따로 관리하였고, 납세나 국방의 의무도 상민들과는 다르게 적용되었다. 심지어 조선의 기본 법률인 《경국대전》에서는 백정들을 성 밖에 집단 거주하도록 규정해 놓았다. 그 유습으로 백정들은 20세기 초에도 집단 촌락을 형성하며 사는 경우가 많았다. 형평사가 조직될 즈음에 진주의 백정들은 동장대(오늘날의 경남은행 자리)에서 옥봉 씨앗골에 이르는 곳이나, 서장대 아래 나불천 가까이 성곽 부근에 모여 살고 있었다.[2]

2 《사회운동의 시대》, 김중섭, 북코리아, 2012년, 220~222쪽

2. 형평운동이 일어나게 된 진주 사회의 배경

남명학파의 '경의 사상'과 의병 활동

조선 중기에 진주는 진주목으로서 경상우도의 중심이 되는 지역이었다. 이 지역에 16세기에 안동의 퇴계 이황 선생과 쌍벽을 이루는 남명 조식(曺植) 선생이 있었다. 남명 선생의 가르침의 요체는 '경의(敬義)'였다. 안으로는 경(敬)으로 자신을 닦고, 밖으로는 의(義)를 실천하라고 가르쳤다.

남명 선생이 세상을 떠난 지 20년 후에 임진왜란이 일어났다. 1592년 4월 13일에 왜적은 부산포와 동래부, 그리고 탄금대에서의 전투를 제외하고는 별다른 조선군의 저항 없이 진격해 20일

남명 조식 영정

만인 5월 2일에 수도 서울을 함락했다. 그 사이 조선 관군은 패퇴하거나 도망을 가 한반도 동남쪽은 왜적의 세상이 되었다. 왜적은 한편으로는 식량을 확보하기 위해 전라도를 점령하고자 했다. 그리하여 바다로 전라도로 진격하던 중, 5월 4일에서 8일에 걸쳐 옥포, 합포, 적진포에서 이순신 함대의 공격을 받아 패주했다. 이어 여러 해전에서 왜적은 연이어 조선 수군에게 패배함으로서 해로로 전라도로 진격할 수 없었음은 물론이요 서해 바다로 진격해 나아갈 수 없었다.

이에 왜적들은 육로로 전라도로 진격해 갈 계획을 세웠다. 함안, 의령, 단성, 함양을 거쳐 전라도 운봉으로 들어가 전주를 점령할 계획이었다. 5월 하순에 함안을 점령한 왜군은 의령으로 쳐들어와 정암진을 건너려고 했다. 이 무렵 남명의 제자이자 외손서인 망우당 곽재우가 의병을 일으켰다. 관군의 무능으로 국토가 왜적에게 유린되고 죄 없는 사람들이 살해되자 동족을 구하고 향리를 수호하기 위해서였다. 5월 26일 정암진 전투에서 왜군 장수 코바야카와 다카카게(小早川隆景)가 이끄는 부대를 맞아 크게 승리해 적이 전라도를 침입하지 못하게 막았다. 이 전투가 육지에서 왜적을 무찌른 최초의 전투였다. 이어 일어난 여러 의병들의 육지에서 승전과 이순신 장군의 해전은, 왜적이 전라도와 서해로 진출하지 못함으로써 왜적의 조선 침략에 큰 차질을 빚게 만들었다.

임진왜란 동안에 많은 의병들이 일어났는데, 그 중 가장 많은 비중을 차지한 것이 남명의 제자들과 남명의 수제자인 내암 정인홍의 제자들이었다. 곽재우를 비롯한 정인홍, 김면, 노흠, 전치원, 조종도, 정유명, 성팽년, 이정, 이로 등은 모두 남명 선생의 제자들이었으며, 내암 정인홍의 제자들도 수없이 많이 의병으로 창의했다. 이들이 이처럼 많이 의병에 가담한 것은 남명이 가르친 '의(義)'를 실천하기 위해서였다. 불의의 집단인 왜적에 맞서기 위해 일어난 것이다. 임진왜란이 일어난 지 오랜 세월이 지난 조선말과 일제강점시대에도 진주를 비롯한 서부 경남 지역에는 '불의'를 보면 이에 항거하는 정신이 면면히 이어져 내려오고 있었다. 그 중 대표적인 것이 1862년 임술진주농민항쟁과 형평운동이었다.

임술진주농민항쟁

역사적으로 진주에서 농민 항쟁이 일어난 것은 두 차례였다. 한 번은 1200년(고려 신종 3) 공사 노비들이 관리들의 수탈에 못 이기어 일으킨 사건이었고, 그 다음은 1862년(조선 철종 13) 진주 농민들이 관리들의 탐학에 항의해 일으킨 사건이다. 보통 진주 농민 항쟁이라고 하면 주로 두 번째 것을 가리킨다. 그리고 이 두 번째 농민 항쟁은 그 후 전국에 걸쳐 일어난 반관 숙정 운동의 도화선이 된 것으

로 한국사에서 매우 중요한 역사적 사건이었다. 국사학계에서는 이 때 일어난 사건을 농민항쟁 또는 임술농민봉기라고 부른다.

　19세기에 들면서 조선은 순조, 헌종, 철종에 이르기까지 세도정치가 이어지면서 나라가 점차 피폐해졌다. 중앙 관리들이 부패하니 지방 관리들도 부패해져 나라의 살림이 말이 아니었다. 특히 조선 후기의 조세 제도는 전정(田政, 논밭에 붙이는 세금), 군정(軍政, 국방에 관한 세금), 환곡(還穀, 곡식을 빌려 주고 되돌려 받는데 붙이는 세금)의 삼정이었는데 이 세 가지가 모두 문란해 백성들을 수탈하는 수단이 되었다.

　진주 농민 항쟁의 직접적인 계기는 진주 목사 홍병원의 불법적인 탐학에 있었다. 그는 부임한 이래 갖은 방법으로 농민을 수탈하였는데, 그 금액이 줄잡아 4~5만 냥이나 되었다. 그는 그것도 모자라 역대 불법으로 수탈해 오던 '도결'(都結 : 재정의 부족분을 보충하기 위해 원래보다 높이 책정한 세금) 8만4천여 냥을 일시에 호별로 배당해 부과했다. 이에 우병영에서도 이 기회를 이용해 부족한 환곡을 채우기 위해 7만2천여 냥을 농가에 분담해 강제로 징수하고자 했다.

　이러한 관리들의 탐학에 저항하기 위해 유계춘이 김수만, 이귀재 등과 모의해 거사를 일으켰다. 그들은 임술년(1862) 2월 14일, 덕산장에서 봉기해 세력을 규합한 뒤, 2월 18일 평거역으로 진출해 도결을 혁파할 것을 주장했다. 수곡 장터, 덕산 장터를 거치면서 세력이 점차 커진 농민시위대는 스스로를 '초군(樵軍)'이라 부르며 진주 읍내로까지 진출했다. 2월 19일에는 우병사 백낙신과 진주목사 홍병원으로부터 통환과 도결을 혁파한다는 글을 받아냈지만, 흥분한 군중들은 우병사의 죄상을 들추어 협박하는 한편, 부정한 아전인 권준범을 처단하여 김희순의 시체와 함께 불에 던졌다. 이렇게 진행된 진주 농민 항쟁은 3개월에 걸쳐 진주 일대를 휩쓴 뒤 수습되었다.

무능하고 부패한 정부, 탐욕스런 지방 관리가 가난하고 힘없는 백성을 분노하게 하니, 백성이 노하면 나라도 흔들린다는 것을 진주 농민들이 보여 준 것이다. 이 진주 농민들의 항쟁은 남명 선생이 가르쳐 주신 '의'를 실천한 저항 운동의 하나이며, 20세기 전반에 진주에서 일어난 형평 운동의 바탕이 되는 정신으로 자리 잡았다.

형평운동의 여명

기독교회의 동석 예배

진주에 기독교가 전래된 것은 1905년부터였다. 오스트레일리아 장로교에서 파견한 커를(Hugh Currell, 한국 이름 거열휴) 선교사가 1905년 9월 20일 가족 4명과 통역자인 박성애 가족 5명과 함께 진주에 도착해 선교 활동을 하면서부터였다. 커를 선교사는 교회

1910년경 비봉산 기슭 봉래동 일대.(호주 선교사들의 사택과 병원, 교회가 있음)

를 세워 전도를 하는 한편, 학교를 세워 신식 교육을 하고 거처에 진료소를 마련해 환자를 돌보았다. 커를 선교사가 설립한 교회가 진주의 첫 교회인 진주야소교회였다. 한편으로는 옥봉의 백정 마을에 백정들이 따로 예배를 볼 수 있는 예배소를 설립했다.

    그러던 중 1908년 10월에 커를 가족은 휴가를 받아 오스트레일리아로 떠났고, 그 동안은 여선교사인 스콜스(Nellie Schloses)와 켈리(Marry Kelly) 두 사람만이 교회를 이끌어가고 있었다. 그 다음 해인 1909년 4월에 라이얼(David Lyall, 한국 이름 라대벽) 목사가 진주에 부임했다. 라이얼 목사는 신분 차이에 의해 두 곳으로 나누어 예배를 드리는 것이 부당하다고 판단해 동석해 예배볼 것을 권유했다. 그러나 다수의 신자들이 아직은 우리나라 예절과 풍속에 따라 동석 예배는 시기가 이르다며 거부했다. 그 해 5월 9일 일요일 백정 남녀 15명이 목사의 인도로 교회에 출석하니 다수의 비백정 신자들이 예배를 거부하고 집으로 돌아갔다. 그리하여 다음 일요일(5월 16일)부터 동석 예배를 거부하는 사람들은 따로 모여 예배를 드리기 시작했다. 1907년부터 진주교회 교인들과 함께 지내는 동안 한국말을 익히고 의사소통을 할 수 있었던 스콜스와 켈리 두 선교사가 양쪽 신자들을 끈기 있게 설득했다.

결국 1909년 7월 22일 백정 신자들이 신앙이 깊지 못한 신자들을 위해 본래대로 자기들 예배 장소로 돌아갈 것을 제안했고, 이 제안을 받아들여 비백정 신자들이 다시 교회로 돌아왔다. 7월 25일에 백정 신자들이 불참한 가운데 나가서 따로 예배를 보던 신자들이 복귀해 남아 있던 신자들과 함께 예배를 드렸다. 7월 29일에 비백정 신자들이 회의를 했다. 그들은 백정 신자들이 자기들을 위해 되돌아간 것을 고맙게 여기며 백정 신자들의 호의에 감격해 백정들과 함께 예배를 드리기로 결론을 내렸다. 드디어 8월 1일 일요일 진주에서 처음으로 동석 예배를 드리는 역사적인 일이 이루어졌다. 기독교의 평등 정신이 신분의 차별을 해소하는 데 영향을 미치게 된 것이다. 이후 1923년에 일어난 형평 운동에 기독교 신자들이 조직적으로 참여했다는 증거는 없지만, 이 일은 이후 진주 사회에서 백정 해방 운동이 일어나는 사회적 분위기 형성에 일조를 하였음에 틀림이 없다.

1916년에 새로 지은 진주교회.(진주교회 제공)

구한말 진주지역 백정들의 움직임

1894년 갑오개혁으로 제도적으로는 신분 차별이 없어졌다.[3] 그러나 오랜 관습에 따라 백정에 대한 차별은 여전했다. 이에 백정들이 신분 차별을 없애달라고 요구하는 일이 더러 있었다. 1900년에 진주의 백정들이 갓을 쓸 수 있게 해달라고 탄원했다. 진주군을 비롯한 인근 16개 군의 백정들이 신분을 상징하는 머리에 관을 자유롭게 쓸 수 있게 해 달라는 탄원서를 경상남도 관찰사에게 내었다.[4] 그런데 관찰사는 백정들의 요구를 받아들이는 체하며 패랭이 대신에 갓을 쓰되 소가죽으로 된 갓끈을 매도

3   《고종실록》, 고종 31년 7월 2일 기사.
4   《황성신문》, 1900년 2월 5일자.

록 했다.[5] 백정들의 직업을 나타내는 소가죽으로 굴욕적인 차별 표시를 강요하였던 것이다. 그리고 일반 주민들도, 백정들의 차별 철폐 움직임에 대해 백정 마을을 습격하는 등의 갈등이 일어나기도 했다. 또한 1910년대 즈음에는 백정들이 차별에 반대해 종래의 관습을 따르지 않는다며, 농청(農廳)을 중심으로 소고기 불매 운동이 벌어지기도 해, 백정들이 이에 굴복한 일도 있었다.

한편, 진주성 밖의 집단 거주 지역에서만 살던 백정 중에 진주 시내 중심지로 옮겨와 사는 백정들도 생겨났다. 형평사 창립 즈음에 백정 공동체의 유력자였던 이학찬은 대안동으로 이주해 살았고, 훗날 형평사의 재무를 맡았던 정찬조는 대안동에서 백촌의 이웃에 살고 있었다. 그리해 일반인과 이웃해 살면서 교류도 하고 정보를 교환하기도 했다.

5 《황성신문》, 1900년 2월 28일자. 이때의 관찰사는 이은용(李垠鎔)이다. 이은용은 고종 36년(1899년 8월 24일)에 제3대 경남 관찰사로 부임해 왔다가 고종 37년(1900년 7월 22일)에 부정부패로 파면되었다. 그 이후 이름을 이지용(李址鎔)으로 바꾸고 온갖 친일 행위를 했다. 을사오적으로 지탄받았으며, 1910년 10월 '일한병합'에 대한 공로를 인정받아 일제로부터 백작 작위를 받았고, 같은 달 중추원 고문에 임명되기도 했다. 이지용이 1906년에 진주 기생 산홍(山紅)에게 모욕을 당한 일은 진주에 널리 알려져 있다. 황현이 지은 《매천야록》에 '진주 기생 산홍은 얼굴이 아름답고 서예도 잘했다. 이때 이지용이 천금을 가지고 와서 첩이 되어 줄 것을 요청하자, 산홍은 사양하기를, "세상 사람들이 대감을 5적의 우두머리라고 하는데, 첩이 비록 천한 기생이긴 하지만 사람 구실하고 있는데, 어찌 역적의 첩이 되겠습니까?"라고 했다. 이에 이지용이 크게 노해 산홍을 때렸다.'라는 기록이 있다.

다른 한편으로는, 도시가 발전하고 상설 시장이 생기고 생활 방식이 바뀌면서 백정들도 영향을 받게 되었다. 조선 사회에서 백정들은 주로 가축을 잡거나, 고기를 팔거나, 가죽 제품을 만들어 파는 일에 종사하였으며, 사회적으로 그런 일은 백정의 전유물로 인식되었다. 그런데 19세기 말 정부가 도축, 피혁 가공 산업에 대한 통제를 강화하기 시작하면서 백정들은 경제적 타격을 받게 되었다. 게다가 일제 침략과 함께 침투한 일본 자본가 집단이 도살장이나 건피장 운영권을 장악하는 사례가 늘어났다. 특히, 도축업, 정육업, 피혁 산업에서 밀려난 백정들은 전통 산업에 대한 기득권을 잃고, 심지어는 도축장의 일꾼으로 전락하는 사례도 많았다. 그러면서 백정 공동체 전반에 위기감이 확산되어 갔다. 물론 이 과정에서 백정 집단 내에서도 계층 분화 현상이 일어났다. 대부분의 백정들은 경제적 곤란을 겪었지만, 소가죽 장사나 고기 장사를 해 부를 축적한 백정들도 생겨났던 것이다. 진주에서도 예전에는 여자 백정들이 고기를 머리에 이고 집집마다 팔러 다녔는데, 1920년대 초반에 진주 공설시장(오늘날의 중앙시장)이 상설시장으로 바뀌면서 정육점을 열어 재산을 모은 백정들이 생겨났다. 그런 백정들이 훗날 형평사 창립에 적극 참여했다.

앞서 살펴본 것처럼 백촌이 형평운동을 일으킬 무렵인 1920년대에도 우리 사회에는 여전히 신분 차별이 여전했다. 먼저 강상호와 함께 형평운동을 이끈 장지필의 증언을 들어 보자.

우리는 과거와 현재에 너무나 가혹한 대우를 받고 있으므로 부득이 이러한 운동을 시작하게 되었습니다. '백정(白丁)'이란 말은 조선 초년에 비로소 그 칭호가 생겼습니다. 단군 할아버지 이후의 역사를 보더라도 조선 이전에는 그런 칭호가 없었습니다. 조선에 와서 조선에 불복한 고려조의 신하들을 칠반천역(七般賤役)[6]의 신분으로 떨어뜨렸는데 그중 백민(白民)으로 말하면 너무도 복종하지 않았으므로 청백(淸白)한 인간이란 뜻으로 그와 같은 칭호를 붙여서 천대하게 되었습니다. 그리해 500년 동안 사람대우를 받지 못하고 피눈물 속에서 사는 백정이 사십만이나 됩니다. 제가 어릴 때인데 무자년(1888년)에 고종황제께옵서 수원에 거동하실 때 우리의 형상을 보시고 '저것이 무슨 병정(兵丁)이냐'고 물으시자 신하 조영하가 우리의 불쌍한 사정을 말씀드렸습니다. 그리하여 폐하께옵서 우리를 불러 보시고 무명 200필을 하사하셨는데 우리는 500년 만에 처음으로 그런 은전(恩典)을 입어 목이 터져라 '황제폐하 만세'를 불렀습니다. 그 소

---

[6] 칠반천역(七般賤役)을 하던 사람을 칠반천인(七般賤人)이라 불렀다. 칠반천인은 '조례(皁隸), 나장(羅將), 일수(日守), 조군(漕軍), 수군(水軍), 봉군(烽軍), 역보(驛保)' 등을 이르며, 이 밖에 노비, 기생, 상여꾼, 혜장(鞋匠), 무당, 백정 혹은 노비, 영인(伶人), 기생, 혜장, 사령(使令), 승려 등을 이르기도 했다.

리가 황후폐하와 동궁전하께도 전해져 또 무명 500필을 하사 받았습니다. 이것이 오백년 동안 직접으로 받은 임금님의 은덕이었습니다. 그 후 칠 년 만에 갑오경장이 시작되었을 때 칠반천역을 면천시켜 호적에 입적시켜 주라는 조서가 내려졌습니다. 그러나 지금 30년이란 기나긴 세월이 지났건만 의연히 그 해방이 실현되지 못하고 심지어 민적(民籍)에까지 '도한(屠漢)'이란 문자를 써두어 자식을 입학시킬 수가 없고 영원히 사람대우를 받지 못할 지경에 있습니다. 우리의 직업이 천하다 하면 도살하는 사람은 천대를 할지라도 도회지로 떠나 삼대나 사대나 흘러 소 잡는 것이 무엇인지도 모르는 사람들도 그와 같은 천대를 받습니다. 그리고 민적으로 말하면 참으로 참혹한 일이었습니다. 내가 29세 때에 도쿄에 가서 메이지대학교 법학과 3학년까지 다니다가 가정형편으로 졸업하지 못하고 돌아와서 집에 있을 때에 총독부에 취직을 하려고 경성에 가서 주선을 하였는데 민적등본을 제출하라기로 그 등본을 올리려다, 본적 직업이 '도한'이라고 쓰여 있기에 차마 그것을 내놓기가 미안해 그만두고, 우리의 해방운동을 하려고 우리의 눈물 흔적들을 찾아 온 조선을 돌아다녔습니다. 그 뿐 아니라 아이들을 학교에 보내려면 민적이 필요합니다. '도한'이라고 쓰여 있는 것을 보면 쫓아냅니다. 그러면 우리는 자자손손, 귀머거리, 벙어리 되라는 말입니까? 이것이 우리의 죄악이라 할런지요. 그러나 오래 동안 배여 있는 습관이 일시에 없어지겠습니까? 우리가 옷에다가 붉은 소피를 묻혀가지고 당상의 대우를 받으려 하면 되겠습니까? 우선 교육에 힘써 남과 같은 지식을 준비하는 동시에 차차 노동자가 되기를 힘쓰겠습니다. 사회의 동정으로 이 형평사가 창립된 것은 무엇이라고 감사의 말을 다 할 수가 없습니다. 우리의 운동은 애걸이요 반항이 아닙니다. 그러나 사회가 종내 우리를 사람대우 하지 않을 때는 부득이 대항이라도 해볼 결심입니다.[7]

7   《동아일보》, 1923년 5월 23일자.

3. 형평사 창립을 주도하다

이런 시대 상황 속에서 백촌은 시대가 변해가고 있음에도 주위에 사는 백정들이 여전히 차별 속에 살아가고 있는 현실을 보면서 백정들에 대한 신분 차별을 없애도록 해야겠다는 결심을 하게 되었다. 이런 결심을 하게 된 데는 옆집에 사는 백정 신분인 정찬조, 같은 동네에 사는 백정 출신 이학찬이 겪고 있는 신분 차별로 인한 부당한 대우와 그 부당에 대한 불평 등이 백촌의 마음을 부추겼다. 그리고 후배 신현수의 조언도 한몫했다. 그리하여 백촌은 양반 후손임에도 백정들의 신분 차별로 인한 불평등을 해소하는 데 앞장서기로 굳게 마음을 먹었다.

물론 백촌이 이런 마음을 먹게 된 바탕에는 새로운 시대의

1920년대 진주 시가지.(진주교회 제공)

흐름에 따랐던 선각자인 아버지 강재순의 영향이 가장 컸을 것으로 보인다. 그리고 남을 도와주는 헌신적인 마음을 가진 어머니가 보여 준 모범적인 일들, 백촌 자신이 신식 교육을 받아 서양의 평등사상에 눈을 뜬 일, 그리고 여러 사회단체에 가담해 사회운동을 한 경험, 거기다 일찍 신식 학교를 운영해 단체를 이끌어간 경험 등이 백촌이 형평운동을 할 수 있는 원동력이 되었다.

또 하나 백촌이 형평운동을 시작한 데는 일본에서 일어난 수평사운동의 영향을 들 수 있다. 수평사란 우리나라의 백정과 비슷한 피차별 부락민들의 해방을 위해 1922년에 만들어진 단체이다. 이 단체는 인간의 존엄과 자유, 평등의 가치를 기초로 해 완전한 계급 해방을 기치로 내걸었으며 마르크스주의의 영향도 받아

인권 운동을 일으키게 되었다. 수평사는 약 1년 후에는 3부 21현에 약 300개의 지부를 조직할 정도로 급속히 확대되었다. 백촌은 1920년에 《동아일보》 진주지국장을 한 적이 있어 일본의 수평사운동 즉, 부락해방운동의 전개 과정을 잘 알고 있었다.

신현수

백촌이 37세 되던 1923년 4월에 형평사가 창립된 것을 보면 적어도 그 해 연초부터 '형평사' 창립을 위해 가까운 지인들과 논의하기 시작했다. 그 지인들은 형평사 창립에 핵심적인 역할을 맡게 된 신현수, 장지필, 이학찬, 천석구 등이었다. 먼저 이들 네 사람에 대해 살펴보면 다음과 같다.

신현수는 1893년 7월 28일 진주시 망경동에서 태어나 자랐다. 아버지는 신영균, 어머니는 여산 송씨다. 그의 선대는 진주 시내 대안동에서 한약방을 해 상당한 재산을 갖고 있었다. 그는 1911년 3월에 공립진주보통학교(현재 진주초등학교)를 졸업한 후, 일본에 가서 중학교를 졸업했다.

1920년 전후 토지조사국에서 일하다, 형평사 창립 당시《조

신현수 송공비

선일보》 진주지국장으로 일했다. 이후 다양한 단체에서 사회운동을 했다. 1921년 9월 진주저축계 발기인으로 감사로 선임되었으며, 1923년 1월에는 진주청년회를 조직했다. 이해 3월 진주금주단

연회 발기인으로 참여하였으며, 4월에는 진주부업장려회에 참여하는 한편, 형평사 창립에 관여했다. 그 후에도 진주공존회, 진주소유원, 진주기근구제회, 동우사 등에 참여했으며, 1923년 11월에는 진주면협의회 의원 선거에 당선되기도 했다. 1934년《영남춘추》를 창간하였고, 1945년 이후에는 진주남중학교와 진주농업고등학교의 사친회장 및 기성회장을 역임하고, 천전초등학교 설립을 추진했다. 1961년 68세로 사망했다.

신현수가 천전리 사람들에게 교육을 장려하고 국민계몽운동에 앞장선 것을 기리기 위해 1932년에 섭천못 주변에 송공비가 세워졌다. 그 이후 방치되어 있던 것을 2005년 진주문화사랑모임에서 비석을 둘러싼 조형물을 만들어 망진산 봉수대 곁에 새로 세웠다.[8]

천석구는 강상호의 후배로서 종이·장판 등 지물을 파는 가게를 경영해 부를 축적했다. 1923년 형평사 창립 전후에 진주금주단연회, 진주저축계, 보천교 소년회 등에 참여해 사회운동을 했다. 형평사 창립 이후 형평사의 중앙집행위원으로서 활동했으나 다리에 병이 생겨 적극적으로 활동하지 못했다.[9]

이학찬은 백정이란 이유로 공교육을 받을 기회를 가지지 못

8 《사회운동의 시대》, 김중섭, 북코리아, 2012년. 《디지털 진주문화대전》.
9 위의 책.

했다. 그는 도수업·수육판매업으로 상당한 재산을 축적한 부호로서 사숙·의숙에서 수학한 것으로 알려져 있다. 1923년 5월 13일 형평사 창립 축하식을 진주좌(해방 후 진주극장으로 바뀜)에서 개최하는 일을 적극 추진하였으며, 사원들의 단결과 자긍심 고취에 노력했다. 창립축하식에는 선전지 7,000여 매를 배포하는 한편 대대적인 시가행진을 병행했다. 형평사 창립 이후에는 본사 중앙집행위원으로 사원 복지 향상과 인권 옹호에 남다른 노력을 기울였다.[10]

장지필은 1882년 경상남도 의령의 부유한 백정 집안에서 태어나 백정의 신분해방운동에 평생을 보냈다. 백정 신분 때문에 정식학교에 다니지 못하고 독학으로 글을 익히며 소년기를 보냈다. 그러다가 20살을 전후해 진주에 살던 일본인 지주 겐지로의 도움으로 일본 메이지대학교에 입학했다. 법학을 전공한 장지필은 조선인 유학생들 가운데 발군의 성적을 보였으나 가정의 부득이한 사정으로 졸업을 하지 못하고 법학과 3학년을 중퇴하고 귀국했다.

29세 때 일본에서 고국에 돌아와 조선총독부에 취직을 하려고 했으나 민적부에 백정을 뜻하는 '도한'이라고 기재된 것을 보고 차마 입사 서류를 제출하지 못하고 포기했다. 이런 연유로 1923년 형평사 설립에 적극 참여해 백정해방운동에 뛰어들었다.

[10] 《사회운동의 시대》, 김중섭, 북코리아, 2012년.《디지털 진주문화대전》.

해방 후에는 우유업에 종사하다가 1970년대 중반 충남 홍성에서 사망했다.[11]

앞서 살펴본 것처럼 백촌은 어려운 동네 주민들을 위해 10년간이나 호세를 대납해 주기도 하고, 주민들을 도우기 위해 기금을 내기도 하는 등 생활이 어려운 사람들을 도와준 일이 있었다. 백촌에게는 이처럼 자기보다 어려운 사람을 도와주려는 마음이 바탕에 깔려 있었다. 이런 마음을 가진 백촌에게 백정 해방 운동을 일으키기로 결심하게 된 직접적인 사건이 있었다. 그것은 백정 청년이 개를 잡아주지 않는다는 이유로 양반 청년들에게 살해당한 사건이다. 억울한 죽음이라 백정들이 나서서 고소했으나 경찰은 호적이 없다는 이유로 고소를 거절했다. 백촌은 3·1만세 운동을 일으킨 죄목으로 대구 감옥에서 옥살이를 하다 풀려나 진주로 돌아오는 길에, 이 사건을 전해 듣고 나라 잃은 설움과 함께 큰 충격을 받았다고 한다. 이 일에 관해서는 진주 대아중고등학교 설립자인 아인 박종한의 증언이 있다.

> 1953년 4월 따뜻한 어느 봄이었다. 필자는 평소에 백촌 선생을 존경하며 가까이 지내던 터이라 갑자기 고향을 버리고 진양군

11 《사회운동의 시대》, 김중섭, 북코리아, 2012년. 《디지털 진주문화대전》.

일반성면 남산리에 은둔자로 변신해 여생을 보내시는 백촌 강상호 선생을 모처럼 시간을 내어 어려운 위문예방을 하게 되었다. 기차를 타고 반성역에 내려 매화산을 넘어 오지 십리 길을 걸어갔었다. …… 그날 백촌 강상호 선생으로부터 많은 중요한 말씀을 들을 수 있었다.

"내가 3.1 운동으로 일경에 체포되어 대구형무소에서 옥고를 치르던 중 일제의 간계에 의해 가출옥한 후 …… 심한 고문으로 옥사한 권채근 동지의 시신을 달구지로 대구에서 진주까지 운구하였는데, 각 고을을 지날 때마다 애국동포들이 모여들어 애도의 눈물을 흘리며 이 광경을 지켜보고 있었다. 진주에 도착하니 그 때 마침 백정이 양반 청년들에게 몰매를 맞아 죽은 살인사건이 발생했다.(백정마을에 사는 백정을 강제로 데려와 개를 잡으라고 강요했는데, 그 백정이 청년들의 요구를 완강하게 거절하자 청년들이 매질로 백정을 죽인 것이다.) 나는 이 소식을 듣고 나라 잃은 설움과 함께 큰 충격을 받았다."라고 하신 말씀이 어렴풋이 기억난다.

그리하여 1923년 3월 15일 정읍에 있는 보천교의 본부에 다녀오는 길에 백촌은 초등학교 후배인 신현수가 백정 신분 해방 운동을 하자는 제안을 적극적으로 받아들였다. 당시 신현수는 31살이었고 백촌은 37살이었다.

백촌이 백정의 신분 해방을 위한 조직체를 만들기로 한 데는 이전의 사회 운동에 참여한 경험이 바탕이 되었다. '백정 신분 해방'이란 커다란 사회 운동을 일으키기 위해서는 뜻을 같이 하는 많은 사람들이 참여하는 조직체가 필요하다는 것을 깨닫고 있었다. 그리고 이 조직체를 이끌어갈 유능한 사람이 필요했다. 또한 이 일은 백정들만 아니라 양반 신분을 가진 사람들도 함께 해야 성공할 수 있다고 생각했다. 백촌은 먼저 정읍에 다녀오면서 후배 신현수와 뜻을 같이한 후에, 또 다른 후배 천석구를 만났다. 백정들의 신분을 해방시키는 조직체를 만드는 일에 관해 논의했다. 두 사람 모두 흔쾌히 동의했다. 형평사 창립 축하식(5월 13일)이 있은 지 얼마 되지 않은 5월 24일에 반대파들의 항의 시위가 있었는데, 이때 이 세 사람은 '새백정 강상호, 신현수, 천석구'라는 비난을 받았다.

    후배 신현수와 천석구의 동의를 얻은 백촌은 백정 중에서 백정 신분 해방을 위한 조직체 창립에 적극 참여할 사람을 물색했다. 먼저 백정 후손이면서 메이지대학교에서 법학을 공부하고 온 장지필을 지목했다. 장지필이 1923년 5월 23일자 《동아일보》에 자기가 형평사에 가담하게 된 이유를 피력한 것을 보면 장지필이 백정이란 신분으로 인해 차별을 받은 일에 대해 심히 불만을 품고 있었음을 알 수 있다. 백정 신분 해방 운동을 위해서는 백정 신분을 가진 사람들이 적극 참여해야 한다고 판단한 백촌은 백정 신분이었으나 유학파 지식인이었던 장지필이 적극 참여하리라 생각하고 그와 힘을 합쳐 일해 나가기로 했다.

장지필은 백정 신분의 사람들을 형평사 회원으로 많이 가입시켰는데 그것은 1910년에 도수조합을 만들려다 실패한 경험이 작용했다. 근대에 접어들면서 신분제가 철폐되었으나, 여전히 백정들은 신분차별을 받고 있는데다가 일제의 지배가 시작되면서 도축장의 경영이 일본인에게 넘어감으로써 생존의 위협까지 감수해야 할 형편이었다. 신분 차별에다 생존의 위협에 위기감을 느낀 백정들이 1910년 자신들의 이익을 지켜 줄 도수조합(도축조합) 설립을 시도했는데, 이러한 움직임은 경상남도의 도청소재지였던 진주에서 활발히 일어났다. 우리나라 최초의 지방 신문 《경남일보》의 보도에 따르면, 1910년 1월에 서울의 최용규가 도수조합을 세우려고 진주에 내려와 장지필을 비롯해 여러 사람들을 만나 도수조합 설립 문제를 의논했다고 한다. 장지필을 중심으로 집회와 조직 결성이 시도되었지만 이러한 새로운 사회적 움직임이 뿌리내리기에는 시대적 상황은 불합리했다. 도수조합 결성이 실패한 상황에서 1910년 3월 일본인들과 그들에게 협력하는 조선 사람들이 함께 출자한 도수장이 진주 옥봉동에 세워졌는데, 훗날 이들의 조직체인 집성조합은 형평사와 대립해 형평사원들을 박해하는 일제 부역 세력의 본산이 되기도 했다. 1910년에 백정들의 권익을 위해 도수조합을 만드는 일은 성공하지 못했지만 백정들을 위한 조직체를 만들자는 안이 제기되자, 장지필은 적극적으로 참여하였으며, 도수조합 설립에 미온적이었던 백정들을 끌어들여 일제 자본 세력과 경쟁하고 대항할 수 있는 조직체를 만드는 일에 적극적인 노력을 기울였다.

다음으로는 이학찬을 이 운동에 참여할 사람으로 선택했다. 이학찬은 자녀를 공립보통학교에 입학시키려 했으나, 백정이란 신분 때문에 입학을 거절당해 큰 불만을 품고 있었다. 백정을 위한 조직체 창립에 동참하자는 제안을 받자, 기꺼이 동참하기로 했을 뿐만 아니라, 자선사업 등을 통해 백정공동체 내에서 절대적인 신임을 받고 있었던 이학찬은 진주지역 일대에 산재한 백정 마을을 방문해 적극적인 동참과 지원을 호소했다.

백촌은 이들 네 사람과 함께 백정의 신분 해방을 위한 단체를 조직해, 백정 해방 운동을 전개해 갈 계획을 세웠다. 1923년 신년초부터 백촌은 이들 네 사람과 여러 차례 모여 조직체를 만들기 위해 논의하기 시작했다. 회원 모집에 앞장선 이학찬이 백정 사회에 신임이 있어 백정 신분을 가진 사람들을 많이 참여하게 했다. 그리고 또 다른 백정 신분인 장지필도 백정 신분의 사람들이 조직체를 만드는 일에 크게 영향을 미쳤던 것으로 보인다.

드디어 백촌이 37세 되던 1923년 4월 24일, 약 70여 명의 백정들과 사회 운동가들이 진주시 대안동 청년회관에 모여 형평사 창립을 위한 기성회를 가졌다. 이들은 '계급 타파, 모욕적 칭호의 폐지, 교육 장려, 상호 친목'을 조직체의 목적으로 내세웠다. 그리고 조직체의 이름을 '저울처럼 고른 세상을 만드는 단체'라는 뜻을 지닌 '형평사'라 이름지었다. 이 자리에서 미리 마련한 '형평사 주지'를 재검토하고, 다음날 개최될 형평사 창립에 관한 세부적인 사항을 논의하고 점검했다.[12]

다음날인 1923년 4월 25일 같은 장소에서 약 80여 명의 참석자들이 형평사 발기총회(창립총회)를 개최했다. 강상호 임시 의장의 주제로 진행된 이 총회에서 형평사의 규약을 통과시킨 다음, 임원 선거, 유지 방침, 교육 기관 설치, 발회식 거행, 회관 설치, 각 지역에 출장해 취지를 선전할 일, 발회식 거행을 신문 지상에 광고할 일 등의 안건을 결의하고 밤 12시에 폐회했다.

특히 업무 분담과 임원 선출을 통해 조직의 틀을 갖추었고, '형평사 주지'를 발표해 단체의 목적을 분명히 밝혔다. 일반인들과 백정들에게 배포되고, 신문에도 실린 형평사 주지의 주요 내용은 백정의 처지를 한탄하며 인간으로서의 평등과 신분 해방을 주창하는 것이었다. 발기 총회에 참석한 사람들은 앞으로의 활동을 위해 600여 원의 의연금을 즉석에서 모으기도 했다.[13] 이 날 선출된 임원, 그리고 이 날 채택한 '형평사 주지'(창립 취지문)는 다음과 같다.

12 《동아일보》, 1923년 4월 30일자
13 《동아일보》, 1923년 4월 30일자.

형평운동 발기회를 소개한 《동아일보》 1923년 4월 30일자.

형평사의 창립 취지를 밝힌 '형평사 주지'

형평사 임원

위원: 강상호, 신현수, 천석구, 장지필, 이학찬 / 간사: 하석금, 박호득 / 이사: 하윤조, 이봉기, 박두지, 하경숙, 최명오, 유소만, 유억만 / 재무: 정찬조 / 서기: 장지문

衡平社 主旨

公平은 社會의 根本이요, 愛情은 人類의 本良이라. 그럼으로 我等은 階級을 打破하며, 侮辱的 稱號를 廢止하며 敎育을 獎勵하야 우리도 참사람이 되기를 期홈이 本社의 主旨니라. 今我ㅣ朝鮮의 우리 白丁은 如何한 地位와 如何한 壓迫에 處하엿는가? 過去를 回想하면 終日 痛哭에 血淚를 難禁이라. 이에 地位와 條件 問題 等을 提起홀 餘暇도 업시 目前의 壓迫을 絶叫홈이 우리의 實情이요, 이 問題를 先決함이 우리의 急務로 認定홀 것은 的確혼지라.

卑하며 貧하며 劣하며 弱하며 賤하며 屈하는 者ㅣ 누구인가? 噫라! 우리 白丁이 이 아닌가! 그런대 如此한 悲劇에 對하야 社會의態度는 如何한가? 所謂 智識 階級에셔 壓迫과 蔑視만 하얏도다. 이 社會에셔 白丁의 沿革을 아는가, 모르는가? 決코 賤待를 밧을 우리가 아닐가 하노라. 職業에 別이 잇다 하면 禽獸의 목숨을 뺏는 者 우

리쑨이 아닌가 하노라. 本社는 時代의 要求보다도 社會의 實情에 應하야 創立되엿을 쑨 아니라 우리도 朝鮮民族 二千萬의 分子며 甲午年 六月붓터 勅令으로써 白丁의 稱號를 업시하고 平民된 우리이라.

愛情으로써 互相 扶助하야 生活의 安定을 圖하며, 共同의 存榮을 期코자 玆에 四十餘萬이 團結하야 本社의 目的된 바 그 主旨를 鮮明히 標榜코자 하노라.

朝鮮 慶南 晋州
衡平社 發起人 一同

*이해를 도우기 위해 띄어쓰기를 하고 문장부호를 넣었음

형평사 주지[현대어 대역문]

공평은 사회의 근본이요 애정은 인류 본래의 양심이라. 그러므로 우리들은 계급을 타파하며, 모욕적인 칭호를 폐지하며, 교육을 장려하여 우리도 참사람이 되기를 기약함이 본사를 만든 취지이라.

지금 우리 조선의 백정은 어떤 지위와 어떤 압박에 처해 있는가! 과거를 회상하면 종일토록 통곡에 피눈물을 금할 수 없는 바라. 이에 지위와 조건 문제 등을 제기할 여가도 없이 눈앞의 압박을 절규함이 우리의 실정이요, 이 문제를 선결함이 우리의 급무로 인정할것은 틀림이 없는 일인지라.

비천하며 가난하며 열등하며 약하며 굽히는 자 누구인가!? 슬프도다.

우리 백정이 아닌가! 그런데 이런 비극에 대하여 사회의 태도는 어떠한가? 이른바 지식 계급에서 압박과 멸시만 하였도다. 이 사회에서 백정의 연혁을 아는가, 모르는가? 결코 천대를 받을 우리가 아닐까 하노라. 직업에 차별이 있다 하면 금수의 목숨을 뺏는 자 우리뿐이 아닌가 하노라. 우리 형평사는 시대의 요구보다도 사회의 실정에 따라 창립되었을 뿐만 아니라 우리도 조선 민족 이천만의 한 구성원이며 갑오년 유월부터 칙령으로써 백정의 칭호를 없앰에 우리도 평민이 되지 않았는가.

애정으로써 상호 도와 가며 생활의 안정을 꾀하며 공동의 존영을 이루고자 이에 사십여 만이 단결하여 본사의 목적하는 바의 취지를 선명히 내세우노라.

조선 경남 진주
형평사 발기인 일동

개회식날 백촌이 임시 의장을 맡았고, 곧 이어 5월에 거행된 날 축하식에서도 백촌이 사회를 보며, 집단 지도체제인 형평사를 주도해 나갔다.

창립총회를 개최한 지 18일째 되는 1923년 5월 13일에는 진주좌에서 형평사 창립 축하식이 열렸다. 당시 진주에서 가장 큰 건물인 진주좌에서 열린 창립 축하식은 백정의 역사에서 매우 뜻깊은 주요한 행사였다. 오랜 세월 말할 수 없는 차별과 억압을 받아온 백

진주극장.(형평사 창립 축하 행사가 열릴 당시는 진주좌였음)

정들이 형평사라는 단체를 조직해 이를 축하하는 행사를 공개적인 장소에서 한데 모여 거행한다는 것은 당시로서는 상상을 초월하는 일이었다. 백촌은 이 행사에서 사회를 맡아 축하식을 진행했다.

  오후 1시경에 백촌의 개회사로 시작된 형평사 창립 축하 행사에는 적어도 경남 22개 지역의 백정 대표자들과 충남의 오성환, 천명순, 경북의 김경산 등 백정 공동체의 유력자들이 참석했다. 축하식에는 형평사 창립 위원인 신현수의 취지 설명과 위원 정희찬의 축전 낭독으로 이어졌다. 나라 안팎의 여러 사회 운동 단체들이 축전을 보내 주었다. 또, 내빈으로 참석한 진주 지역의 사회 운동가들은 축사를 통해 형평사의 창립과 그 역사적 의미를 높이 평가해 주었다. 이 축하식은 오후 5시 경에 '형평사 만세' 삼

창으로 막을 내렸고, 여흥은 6시 30분경까지 이어졌다.[14]

창립 축하식에 참석한 각 지방의 백정 대표 300여 명은 축하식 다음날인 5월 14일에 진주 청년회관에 다시 모여 회의를 열었다. 임시 의장 신현수의 사회로 진행된 이 회의에서 참석자들은 형평운동의 장래를 결정하게 될 중요한 안건들을 논의했다. 조직 확대를 결정하고, 도에는 지사를, 군에는 분사를 설치해 전국 규모의 조직을 갖추기로 했다. 우선 경남(진주), 경북(대구), 충남(논산), 충북(옥천)에 지사 설치와 지사장 선임을 즉석에서 결정했다.

그리고 중앙 본부인 본사에는 서무부, 재무부, 외교부, 교육부, 정행부 다섯 부서를 두기로 했다. 또한 창립총회 때 진주 사람들로만 구성하였던 본사 임원을 확대 개편해 다른 지역의 활동가들을 새 임원에 추가했다. 백촌도 이 날 임원 중 한 사람으로 유임되었는데, 이 날 결정된 임원은 다음과 같다.

유임: 강상호, 신현수, 천석구, 장지필, 이학찬, 정희찬(이상 진주)
신임: 이성순, 조익선(부산), 박유선, 이상윤(마산), 김경삼(대구)

특히, 매달 수당을 받으며 실무를 총괄할 상무위원을 두기로 하고, 그 자리에 장지필을 선임했다. 조직 정비와 임원 선출 외에도 형평운동 전반에 관한 여러 문제가 논의되었다. 또 본부의 재

14 《동아일보》, 1923년 5월 17일자. 5월 19일자.

정 확보를 위해 자발적인 의연금 모금과 의무적인 회비 납부를 결의하고, 그 자리에서 참석자들은 개인이나 단체의 명의로 약 2,200원의 의연금을 모았다.[15]

형평사를 창립하고 임원을 재정비한 형평사 임원들은 조직을 확대하기 위해 전국을 순회하기로 했다. 신현수와 장지필은 제1대, 백촌은 이학찬과 함께 제2대에 속해 충청, 전라 지역을 순회했다.

제1대인 신현수와 장지필은 진주를 출발해 5월 21일 대전에서 충청도와 전라도 대표들을 중심으로 열린 형평사 남조선 대회에 참석했다. 그리고 5월 23일에는 형평사 대전 분사 설치를 도왔다. 그 뒤 이들은 전북 정읍 분사(5월 23일), 전남 광주지사(5월 25일), 목포 분사(5월 27일), 전북 김제의 서광회(5월 28일), 군산 분사(5월 30일), 전북 익산군 이리의 동인회(5월 30일) 같은 하위 조직의 창립 발기회나 창립 기념식에 참석했다.

신현수는 이리에서 본사 사무 집행을 위해 진주로 떠나고, 장지필은 다시 전북 전주 지사의 창립(5월 31일)을 도운 뒤, 충남 공주로 와서 제2대인 백촌, 이학찬과 합류했다. 그들은 임시로 논산에 설치되었던 충남 지사를 당시 충남의 도청 소재지인 공주로 옮겨 창립총회를 열었다(6월 6일). 그리고 청주, 조치원, 천안(6월 9일)에서 분사 창립식을 가진 뒤, 경북 대구 지사의 창립 축하식에 참석했다(6월 10일). 그들은 그곳에서 본사 위원 천석구를 만난 뒤, 장지필, 천석구, 이학찬은

15 《동아일보》, 1923년 5월 21일자.

밀양을 거쳐 6월 15일에 진주로 돌아오고, 백촌은 삼랑진을 거쳐 부산에 와 있던 본사위원 하석금을 만나 6월 15일에 진주로 돌아왔다.[16]

　　　백촌을 필두로 한 순회단의 활동은 형평운동의 확산에 크게 기여했다. 순회단의 활동을 계기로 형평사는 창립된 지 불과 2개월 만에 삼남 지방에 널리 확산되는 등 전국적인 조직으로 발전했다. 순회단이 본사인 진주로 돌아온 뒤, 6월 15일에 임시의장 정희찬의 사회로 위원회를 열어 그 동안의 활동에 대한 평가와 아울러 이후 활동 방향에 대해 논의했다. 이 날 회의에서 결의된 사항은 대체로 다음과 같다. 지사 및 분사 창립 축하식에 본사 임원을 축하객으로 보낸다. 사원들의 출자와 본사의 기본금으로 인쇄업을 경영한다. 사원들의 교육을 위해 야학 강습소를 운영한다. 울산에서 일어난 형평 사원들의 집단 항의 사건 조사를 위해 신현수를 조사 위원으로 보낸다. 형평 사원들이 일치단결해 사업을 진작시키되 방해를 받을 때에는 서로 협동해 적극 대처하며, 만일의 사태에 대비해 8명의 호위군과 40여 명의 대원으로 결사대를 조직한다.

　　　이와 같이 창립된 지 불과 2개월 만에 형평사의 활동은 전국 각 지역에서 활기를 띠게 되어, 백정 차별 철폐를 통한 신분제 해체와 평등 사회를 이룩하는 데 크게 기여하게 되었다.[17]

16　　《동아일보》, 1923년 5월 27일~6월 21일자.
17　　《동아일보》, 6월 21일자.

4. 형평운동을 구체적으로 실천해 가다

지금까지 최하층 신분으로 냉대를 받으며 살아온 백정들이 남들과 대등하게 살아갈 수 있으려면 어떤 변화가 일어나야 할까. 그리고 이런 변화를 일으키기 위해 백촌은 어떤 노력을 기울였을까. 백촌이 형평사를 조직해 형평운동을 일으킨 일차적인 목적은 백정에 대한 신분 차별을 철폐하고 평등한 대우를 받도록 하기 위한 것이었다. 제도를 개선하고 집단적인 홍보와 저항을 통해 이를 실천하기 위해 형평사 전 사원들이 지속적인 노력을 기울이는 데 백촌은 주도적인 노력을 기울였다.

형평사 창립 직후 경상남도 고등과장이 형평사 진주 본사를 방문했을 때, 본부 간부들이 "호적에 백정이라고 기재되어 있음은 절대 불가한 일이며 계급 타파에 모순되는 일이므로 하루 빨리 정정해 줄 것"을 요구하니, 이에 고등과장이 각 군청에 호적을 정정하라는 지시를 내리기도 했다. 당시 백정들의 호적에 '도한'이라고 기재되어 있는 것을 삭제해 주도록 요구해 관청이 이를 받아들인 것이다. 1923년 공주에서 개최된 충남지사 창립총회에서는 '호적 정정의 건'이 성공했다는 보고가 있었다. 1925년 전북 익산 황등형평분사에서도 '도부' 또는 '백정' 등의 기재를 즉각 철폐해 줄 것을 결의하고, 실행위원으로 오성환, 임윤재 씨를 파견해 황등면장과 교섭했다. 이로 인해 호적에서는 점차 백정에 대한 표시가 사라지게 되었다. 물론 백정 차별에 대한 오랜 인습이 하루아침에 사라지지는 않았다. 한국 사회에서 신분 차별이 완전히 사라진 것은 한국전쟁으로 인해 민족 대이동이 일어나고, 직업의 귀천이 사라진 이후에야 가능했다.

다음으로는 백정들이 남들로부터 차별받지 않기 위해 교육을 통해 지식수준을 향상시키는 일에 주력했다. 백촌은 형평운동을 일으키기 전부터 사립진주봉양학교를 운영한 경험을 가지고 있었다. 그리고 자신이 신식 학교를 다니며 새 시대에 맞는 교육을 받았다. 이런 경험들을 바탕으로 백정들도 교육을 받아야 자신의 인권을 지킬 수가 있고, 생활도 향상시킬 수 있으리라 생각했다. 백정들이 교육을 받을 수 있으려면 당시로서는 두 가지 길이 있었다. 하나는 일반인들이 다니는 학교에 입학해 일반인들과 같이 교육을 받는 것이다. 그러나 이 일은 여간 힘든 게 아니었다. 입학하기도 어렵거니와 입학한다 하더라도 다른 학생들의 핍박을 견뎌내기가 쉽지 않았기 때문이다. 그래도 이 일은 해 나가야만 할 일이었다. 백촌은 이를 위해 학생들이 학교에 갈 때 백정 자녀들의 손을 잡고 직접 학교에 데려다 주기도 했다.[18]

그리고 또 달리 교육을 받게 할 수 있는 길은 백정들만이 다닐 수 있는 학교를 설립해 그곳에서 교육을 받게 하는 것이었다. 이 방법이 마음 편히 교육을 하고, 교육을 받을 수 있었다. 그러나 학교를 신설한다는 것은 힘 드는 일이었다. 건물을 짓는 데 많은 돈이 들거니와 당국의 설립 허락을 받아야 하는 등 까다로운 일이 많았다. 그래서 초기에 백정들의 교육은 주로 야학에서 이루어졌다. 1923년도 후반기부터 야학이 운영되기 시작하였는데, 이 야학을 개설하고 운영하는 일은 아마도 백촌이 주동이 되어 이끌어 간 것으로 보인다. 백촌은 교육을 통해 백정들이 스스로의 지식과 능력을 향상시키는 것이 무엇보다 중요한 것임을 인식하고 있었다. 그래야만 남들과 대등한 삶을 누릴 수 있다고 생각한 것이다. 그리고 백촌은 신식학교를 운영해 본 경험이 있어 신식 교육을 하려면 무엇이 필요한지를 잘 알고 있었다. 백촌만이 아니

---

18 김문수의 증언 1984년 5월 8일, 김중섭(1994) 239쪽 참조

라 이학찬도 야학 개설에 적극 참여했다. 이학찬은 자녀가 백정이란 이유로 일반 학교에 입학을 거절당한 경험을 갖고 있었기 때문이다. 1923년 형평사를 창립한 그 해 8월에 진주의 본사 건물에 야학을 개설했다. 교과목은 한글 읽기와 쓰기, 일반상식, 윤리, 기초적인 한자 등이었는데, 개설하자마자 일시에 100여 명이나 호응하는 등 대성황을 이루었다.

> **형평본사에 야학 개설**[19]
>
> 진주 비봉동에 임시로 두었던 형평본사는 이번에 위원회를 개최한 결과, 대안동에 있는 전 건강진단소를 일금 1,500원에 사들여 이전해, 위층에는 회관을 이전하고 아래층에는 사무실로 하고, 한편에는 야학을 설치키로 해 지금 준비 중이다. 지난 23일에 형평사 회관 안에서 임시 사원 회의를 개최하고, 임시 의장 하금석의 사회로 제반 사항을 의결하고 이번에 형평 야학을 설립하는 조건 아래 만장일치로 찬성했다. 사는 형편에 따라 의연금을 갹출한 바, 합계 600여 원에 이르렀는데, 1·2기로 나누어 (야학 경비)를 지급하는데, 1기분은 이달 안으로 징수해 야학교 설치에 (필요한) 제반 준비에 충당하고 상당한 강사를 모셔와 교수할 예정이라고 한다.

19   《조선일보》, 1923년 8월 29일자.

1926년 6월 15일 열린 거창형평사 창립총회

야학을 고대하는 남녀 아동은 수백 명에 이른다고 하며 이 날 결의 사항은 아래와 같으며 의연금도 상당액에 이르렀다.

1. 본사 사무 처리의 건   2. 서기 선정의 건
3. 야학 설치의 건   4. 사원 일직의 건
5. 서기 급료의 건   6. 기타 사항의 건

　　　진주본사를 대안동에 있는 건강진단소를 매입해 이전하고, 그곳에 야학을 설치하는 데는 많은 돈이 필요했다. 당시에는 아직 백정들이 경제 형편이 어려운 때라 백촌은 거금을 희사했다. 그리고 학교에 필요한 각종 비품, 교재, 교사들의 인건비 등 야학

운영에 필요한 상당한 금액도 초기에는 백촌이 마련했다.

    1926년부터 1930년까지 신문에 보도된 것만 보아도 전국적으로 20개 이상의 형평분사가 야학이나 강습소를 세우거나 세울 계획을 갖고 있었고, 적어도 50개 이상의 분사에서 사원 교육 문제를 회의 안건으로 다루었다. 이처럼 초기에 야학이나 강습소를 세워 백정의 자녀들을 교육하도록 노력한 것은 형평사 창립 주지에 있는 '교육 장려'를 실천하기 위해서인데, 이 일에는 이미 학교를 세워 운영한 경험이 있는 백촌의 노력이 절대적인 영향을 미쳤으리라는 것은 의심의 여지가 없다.

5. 반형평운동 문제 해결을 위해 노력하다

백촌이 주도해 일어난 형평운동은 조선 왕조의 근간인 신분제를 폐지하기 위한 것이며, 특히 천민으로 취급되었던 백정에 대한 신분 차별을 해소하기 위한 운동이니, 아직 신분제가 몸에 배어 있던 당시의 사람들이 받아들이기 힘든 것은 당연한 일이었다. 그리하여 곳곳에서 형평운동에 대한 저항이 일어났다.

백촌에게 닥친 최초의 저항은 뜻밖에도 아버지 강재순에게서 일어났다. 백촌을 만나러 집으로 사람들이 찾아오는 것을 싫어했다거나 박대했다는 증언들이 있는 것을 보면 백촌이 형평운동을 하는 것을 탐탁치 않게 생각한 듯하다. 백촌은 아버지가 신식학교를 설립하고, 두 아들을 일본에 유학을 보내기도 했기에 형평운동을 이해해 주리라 생각했다. 그러나 한편으로 생각해 보면 평생을 신분제 사회에서 살아온 양반 부호 가문의 후손인 강재순으로서는 백정과 양반이 평등하게 산다는 것을 이해할 수도 받아들이기도 힘든 일이었을 것이다. 게다가 장남인 백촌이 형평운동에 나서는 것은 가문에 누가 된다고도 생각했을 것이다.

하지만 백촌은 이후에 형평운동이 변질될 때까지 가정 문제로 흔들리진 않았다. 아버지의 반대를 극복하고 형평사를 주도적으로 이끌었던 것으로 보인다. 그러나 기록이 없어 아버지의 반대를 어떻게 극복해 갔는지는 다음과 같이 추론해 볼 수밖에 없다.

아버지의 반대에 직면하자, 백촌은 마음속에 심한 갈등이 생겼다. 세상이 바뀌어 가고 있었지만 유가 집안에서 자란 백촌으로서는 아버지의 반대를 무릅쓰고 형평운동을 계속해 가는 것을 재고해 보지 않을 수 없었다. 며칠을 두고 생각해 봐도 갈피를 잡을 수 없었다.

4월말 어느 날 백촌은 생각도 정리하고 바람도 쐴 겸 혼자 진주성의 남강 가에 있는 촉석루에 올라갔다. 촉석루에 올라가며 서쪽을 바라보니 일제가 이 땅을 지배하면서 세운 여러 건물들이 눈에 들어왔다. 어쩌다 일본 세상이 되어 임진왜란 때 왜적을 물리친 이 유서 깊은 곳에 일본 사람들이 우리를 지배하기 위한 건물들이 들어서 있단 말인가. 기가 막힌 일이었다. 촉석루에 올라가

니 촉석루는 예나 다름이 없었다. 촉석루에서 바라보는 남강과 강의 남쪽 대숲은 언제보아도 절경이었다. 유유히 날아다니는 새들은 언제나 한가로워 보였다. 그러나 백촌은 마음이 한가롭지 않았다. 아버지의 반대를 무릅쓰고 형평운동을 계속한다는 것은 어쩌면 가문과 결별해야 할지도 모르는 일이었다.

남강의 푸른 물결을 바라보며 생각을 가다듬으니, 자신이 형평운동을 이끌어 나가는 선도의 위치에 있다는 생각이 새삼 떠올랐다. 그와 동시에 임진왜란 때 제1차진주성전투에서 적은 숫자의 군사로 진주성에 들어와 죽음을 무릅쓰고 왜적과 맞서 싸워 이긴 분들에 대한 생각이 떠올랐다. 그러면서 형평운동이 항일운동과도 이어질 수 있다는 생각에 이르렀다. '관군과 백성들이 힘을 합쳐 왜적에 맞서 이긴 것처럼, 이 시대에도 왜적과 맞서 싸워 이기기 위해서는 모든 백성들이 힘을 합쳐야 한다. 그 백성 중에는 백정도 포함되어야 한다. 그러기 위해서는 신분제도가 없어져야 하고, 백정도 일반인들과 같이 교육을 받아 지식수준이 향상되어야 한다.' 형평운동이 항일운동과 이어질 수 있다는 생각이 미치자 백촌은 아버지를 설득시킬 빌미가 생겼다. 아버지도 항일운동의 하나로 신식 학교를 만들자고 하시지 않았던가 하는 생각이 떠올랐다.

며칠 후 백촌은 기회를 보아 아버지에게 형평운동이 항일운동의 일환이라는 것을 말씀드렸다. 아버지는 묵묵히 듣고만 계셨다. 그 날 이후로 백촌의 아버지는 백촌에게 더 이상 형평사에 관한 말을 하지 않았다. 백촌은 아버지가 묵시적으로 동조하는 것으로 받아들였다.

진주의 일반 사람들은 1923년 4월 25일에 백정들이 모여 형평사 창립식을 거행할 때에는 별다른 반응이 없었다. 그러나 5월 13일의 창립 축하식을 거행할 때부터 형평사에 대한 적대감을 드러내기 시작했다. 최초의 적대적 반응은 역설적이게도 전통 사회에서 같은 천민으로 취급되던 기생들로부터 나왔다. 창립 축하식의 여흥을 맡아달라는 형평사 측의 요청을 진주기생조합에서 거부한 것이다. 아마도 그들이 떠받들며 사는 양반들의 비위를 거스르지 않기 위해서일 것이다. 기생들이 백정들을 천시하는 행동을 취한 것은 형평사가 창립되고 난 몇 년 뒤, 전주에서 일어난 사건을 보면 백정들에 대한 차별 의식은 당시 사회에 뿌리 깊이 남아 있었음을 보여 주고 있다.

> 1927년 새해 벽두 전주 권번(券番·기생조합) 소속 기생들이 특별한 집단행동을 벌였다. 육류 도축 판매에 종사하는 형평사 사원들이 연회를 가지려고 기생들을 불렀으나 전원 응하지 않기로 했다는 것이다. 기생들 30여명은 회의까지 한 끝에 이 결정을 했다.[20]

20 《동아일보》, 1927년 1월 14일자.

이유는 간단했다. 아무리 세상이 바뀌었지만 조선 시대에 최하층민 백정이었던 형평사원들에게 술을 따르기에는 자존심이 허락하지 않는다는 것이었다. 권력자들이나 기생을 부를 수 있었던 왕조시대가 가고 "개쌍놈의 아들이라도 황금만 가졌으면 일류명기를 다 데리고 놀 수 있게"(월간《동광》)됐지만 기생들에게도 마지막 선이 있었던 셈이다. '백정'들은 1895년 갑오개혁 때 신분 해방이 됐고 1923년 신분의 완전한 해방을 촉구하며 형평사까지 만들었지만 일반인들 마음속에는 이들을 천시하는 시선이 남아 있던 때였다. 봄철이 되자 문제가 또 불거졌다. 전주 형평사원들이 야유회에 기생들을 불렀으나 상당수가 불응한 것이다.[21]

그런데 이번엔 기생들 내부에서 의견이 맞섰다. 일부 기생들이 "백정이면 어떠냐"며 응하겠다는 태도를 보인 것이다. 1920년대의 만성적 경제난으로 "요리점은 파리 날리기가 일이요 기생들의 사업은 산보 다니기"[22]였기에 손님을 가려가며 받을 형편이 아니기도 했다. '형평사원 술시중 갈등'은 결국 기생단체의 와해를 불렀다. 1927년 5월, 형평사원들 시중들겠다는 6명만이 권번에 남고 나머지 수십 명의 기생들이 무더기로 권번을 뛰쳐나갔다.[23]

21 《동아일보》, 1927년 4월 29일자.
22 《동아일보》, 1924년 9월 12일자.
23 《동아일보》, 1927년 5월 6일자.

당시 기사는 "일반에서는 이 문제의 진전 여하에 많은 흥미를 가지고 있다더라"라며 낮은 신분이었던 형평사원과 기생의 충돌에 쏠린 사회의 관심을 전했다. 《동아일보》는 또 "기생들이 종래로 형평사원의 부름에는 응하지 않은 적이 종종 있어…일반사회에서도 비난이 적지 않던 바"라며 신분 해방에 역행하는 기생들에 대한 비판 여론을 전했다.[24]

그 뒤 약 10여 일이 지난 5월 24일에 진주 주변 24개 동리의 농청(農廳) 대표자들이 모여 백정 조직의 반대를 결의하고 수백 명의 군중이 "형평사 공격", "새백정 강상호, 신현수, 천석구"라고 쓴 깃발을 들고 다니며 진주시내 중심가에서 시위를 벌이고, 일부 군중들은 비백정 출신 지도자들의 집과 상점을 공격했다. 형평운동 반대자들은 며칠 동안 계속해 사원들을 공격하면서 일반 주민들에게는 소고기를 사지 말고 백정들과 교류도 하지 말라고 강요했다. 또 형평운동을 지원하는 사회 운동 단체들도 비난했다.[25]

이에 백촌은 형평운동 참여자나 지지자들과 함께 반대자들의 공격에 대해 적극적으로 대응했다. 본사 위원회에서는 형평운동을 방해하고, 사원들을 공격하는 모든 일반인들의 행위에 적

24 《동아일보》, 1927년 1월 14일자.
25 《동아일보》, 1923년 5월 20일, 30일자.

극적으로 대처하며, 필요에 따라 결사대를 조직하기로 결의했다. 진주의 사회 운동가들도 그 공격의 배후에 지주들과 보천교도들의 사주가 있다고 판단하고 이에 대처했다. 일부 지주들이 소작 운동을 주도하는 진주노동공제회의 간부를 곤경에 빠뜨리기 위해 그들과 형평사가 연계되었다고 소문을 퍼뜨리면서 각 동네 농민들을 선동했다. 이에 덩달아 보천교도들도 보천교 반대 운동을 벌이는 사회 운동 단체들을 파괴시킬 목적으로 농민들의 행동을 부추겼다. 이런 배경을 간파한 사회 운동가들은 형평사측과 그 반대자들의 화해를 위해 적극 노력했다. 이 화해를 위한 일들에 당시에 이미 여러 사회단체에 참여해 사회운동의 경험을 쌓은 백촌이 형평사의 대표로서 적극 나섰음에 틀림없다. 이 노력이 성공해 양측은 마침내 화해를 했다. 형평사측에서는 결사대를 해체하고, 농청에서는 소고기 불매 운동을 철회하며 형평운동 반대 활동을 더 이상 벌이지 않기로 한 것이다.[26]

형평운동을 반대하는 사건들은 본사가 있는 진주에서만 일어나지는 않았다. 며칠 동안 경남 김해에서 대대적인 충돌 사고가 일어났다. 8월 18일 형평사 김해 사원들은 김해분사 창립 축하식을 거행했다. 마침 광주, 진주를 거쳐온 북성회의 순회 강연단

26 《동아일보》1923년 6월 5일, 13일, 21일, 27일자.

이 김해에 도착하자 시내 분위기는 들떠 있었다. 김해분사 사원들은 다른 지역에서처럼 창립 축하식이 열리기 전에 형평운동 취지문을 길거리에서 나누어 주며 행사를 선전했다.

백촌도 이 축하식에 참석했다. 이 날 축하식은 김해분사장 이옥천의 사회로 진행되었는데, 백촌은 본사 대표로서 개회사를 했다. 그리고 북성회 회원들과 김해 지역 사회운동 단체 대표들, 예수교 목사 등이 축사를 했다. 형평사 대구지사장 김경삼의 답사를 끝으로 축하식은 순조롭게 진행되었다.

그런데 그 전날 형평사 사원들과 일반인들 사이에 불미스러운 사건이 발생했다. 김해 청년회와 야학인 협성학교 간부들이, 축하 행사에 강연을 할 북성회 강연단의 환영을 준비하면서 협성학교 학생들과 형평사원들에게 김해역에 강연단을 마중하러 가도록 시켰다. 그러자 일부 학생들이 백정들과 함께 가라고 한 것에 불만을 품고 역에 가지 않았다. 그날 저녁, 역에 가지 않았던 학생들이 강연회장인 청년회관에 들어가려고 하자, 입구에 있던 사람들이, "백정들과 함께 마중가지 않은 사람들이 어떻게 백정들과 함께 앉아 강연을 듣겠느냐?"며 입장을 가로막았다. 입장을 제지당한 학생들은 청년회 간부들이 자기들을 못 들어가게 하며 백정들을 감싸고돈다며 불평했다. 형평운동을 못마땅하게 여기고 있던 주민들은 이들의 불평에 흥분했다.

형평사원들에 대한 일부 주민들의 적대감은 하루 이틀 시간이 흐르면서 집단 행동으로 드러나기 시작했다. 최초의 사건은 8월 14일에 일어났다. 수천 명의 폭도들이 김해 청년회와 김해 교육회가 형평사 창립을 후원했다고 비난하면서 청년회관과 협성학교에 난입해 기물을 파손했다. 그 다음 날에도 폭도들은 형평사원뿐만 아니라 형평사에 호의적인 단체의 간부들이나 형평사원과 관련된 사람들을 공격했다. 셋째 날에는 마을 밖 형평사원들의 집단 거주 지역까지 쳐들어가 가구나 세간살이, 심지어 가옥까지 부수며 폭력을 휘둘렀다.

이에 대해 형평사원들도 격렬하게 저항하자, 양쪽에서 여러 명의 부상자가 발생했다. 사태가 악화되자 비로소 경찰이 개입했다. 경찰이 여러 명의 폭도들을 체포하자 군중들은 흩어지고 질서가 회복되기 시작했다. 다음날 김해면장은 이장 회의를 소집해 질서 회복을 호소했다. 폭력과 혼란은 그쳤으나 여전히 긴장된 상태였다.

폭동이 진정된 뒤에도 형평사원들과 일반 주민들 사이에는 긴장이 지속되었다. 일반인들은 고기 불매 운동을 전개하였고, 음식점 주인들은 형편사원들에게 음식을 팔지 않기로 결의했다. 소를 잡아도 고기를 팔 수 없게 된 사원들, 특히 생활 형편이 어려운 사원들의 생계가 힘들어졌다. 고기 행상을 하는 여자 사원들은 다른 지방으로 팔러 다녔다. 이런 상황이라 도축이나 고기 판매를 하는 사원들은 이익금 가운데 일부를 떼어 형편이 어려운 사원들을 돕는 기금으로 내놓기도 했다.

강상호와 장지필은 본사 상무위원으로서 김해에 가서, 사태의 진상을 파악하고, 형평사원들을 돕는 방법을 모색했다. 형평사원들과 김해 청년회 간부들을 비롯한 김해 지역 사회운동가들을 만나 문제 해결을 위해 노력했다. 특히 평소의 지론대로 어떤 어려움이 있더라도 사원들을 잘 교육을 시킬 것을 역설해, 김해 형평운동가들이 이를 결의하고 실천하도록 도와주었다.

김해의 청년회 간부들과 사회운동가들도 대립을 해소하기 위해 양측을 중재하려고 노력했다. 그들은 형평사 후원자이면서 야학 교사였기 때문에 화해의 중재자 역할을 맡기에 적합했다. 그들은 주민들에게는 교육 시설의 확충과 지역 발전을 위해 계속해 노력할 것을 약속하면서, 형평사원들에게는 평등한 대우를 받을 수 있도록 주민들을 설득하겠다고 약속했다. 김해면장도 양측의 화해를 위해 노력했다. 한 달 이상이 지난 9월 24일 마침내 경찰과 군청 관리가 입회한 가운데 약측 대표자들은 공식적으로 화해에 동의했다. 화해의 조건으로, 주민들은 형평사를 더 이상 반대하지 않으며 사원들을 친절히 대하기로 하였고, 형평사측에서는 폭력 행위로 인해 수감된 사람들에게 위로를 표하기로 했다.

김해 사건은 1923년 5월에 진주에서 일어난 사건 이후 가장 크게 일어난 형평운동을 반대하는 폭력 사건이었다. 그리고 우리 역사상 최하층민인 백정을 공격한 사람들을 법에 따라 처벌한 최초의 일이었다. 김해사건은 아직도 신분에 대한 차별의식이 한국

사회에 여전히 남아 있으며, 그러면서 그 의식이 점점 옅어지고 있음을 보여주고 있다. 이런 역사적인 사회의 변천이 일어나게 하는 데, 백촌이 선두에 서서 주도해 가고 있었다.

이 밖에도 1924년 7월부터 8월까지 충남 천안군 입장면에서 일어난 학술 강습회에서의 형평사원들의 자녀들에 대한 차별로 인해 일어난 형평사원들과 일반인들의 충돌 사건, 1925년 8월 예천에서 일어난 백정들에 대한 모독으로 발단된 형평사원들과 일반인들의 충돌 등 여러 지역에서 대립, 갈등, 충돌이 일어났다. 1923년부터 1925년까지 언론에 보도된 충돌 사건은, 1923년 13건, 1924년 8건, 1925년 23건 등 모두 44건에 이른다. 그리고 1923년부터 1926년까지 형평사 총본부에 보고된 충돌 사건은, 양반들의 선동에 의한 차별 사건 28건, 관공서 직원들의 차별 사건 33건, 상민들의 차별 사건 24건, 학생에 대한 언어 차별 사건 10건, 경제 쟁의 15건 등 모두 110건에 이른다. 이런 여러 유형의 충돌 사건을 보면 궁극적으로는 전통 사회의 신분 차별에 대한 유습에서 비롯된 것이었다.

이런 형평운동의 반대 세력에 의해 일어난 충돌 사건은 일시적으로는 형평운동을 위축시키기는 하였지만, 한편으로는 형평사원들의 결속력을 강화시켜주는 데 기여하였으며, 궁극적으로는 형평운동의 급속한 발전을 이루는 계기가 되었다. 그리고 이러한 일들이 일어날 때마다 백촌은 늘 깊은 관심을 나타내며 문제의 해결을 위해 적극 노력했다.

6. 형평운동의 발전을 위해 노력하다

각 도의 지사 창립 축하식이 대구(1923년 6월 10일), 전주(6월 24일), 광주(7월 1일), 공주(7월 9일) 등지에서 연달아 열려, 형평사는 창립 3개월 만에 남부 지방의 조직들을 어느 정도 갖추어 갔다. 아울러 각 도의 활동가들은 그 지역을 대표해 전국 지도자로서 자리를 잡아 갔다. 형평운동의 초기 단계에서, 전국 조직을 정비하고 운동 방향을 설정하는 데 크게 영향을 미친 모임은 1923년 11월의 대전 대회와 1924년 2월의 부산 대회였다.

1923년 11월 7일 대전에서 열린 "전 조선 형평 대표자 대회"는 주로 충청도와 전라도에서 온 49명의 대표자 모임이었다. 백촌은 이 모임에서 장지필과 함께 본사 대표로 참석하여 사회를 맡아 보았다. 그러나 회의의 주도권은 중부 지역의 대표자들에게 있었다. 이 회의에서 다뤄진 주요 사항은 본사 이전과 사업 내용이었다. 본사가 우리나라 최남단의 진주에 있기 때문에 효율적인 활동을 하는 데 지장을 있다며 본사를 내년 3월말까지 대전으로 옮기기로 결정했다. 그리고 점점 어려워져 가는 사원들의 전통 산업 진흥책으로서 사원끼리의 협력을 강구하기로 했다. 이러한 문제는 실제로 형평 운동의 방향과 밀접하게 관련되어 있던 사항이었다. 게다가 그 결정 사항은 나중에 부산 대회에서 번복되면서 갈등의 씨앗이 되었다.[27]

부산에서 열린 "형평사 전 조선 임시 총회"는 1924년 2월 10일과 11일 이틀 동안 49개 군의 대표자 330여 명이 참석한 가운데 열렸다. 백촌은 이 모임의 사회를 맡아 진행하였는데, 이 모임에서는 다음과 같은 문제들에 관해 여러 사항들을 결의했다. 아동 입학의 건, 사원 교양의 건, 관습적 사회에 대한 건, 총독부 당국에 관한 건, 본사 유지에 관한 건, 지사와 분사 유지에 관한 건, 수평동지회에 관한 건, 형평사 미조직 지방에 관한 건 등. 이 모임은 경상도 지도자들이 주도했기 때문인지, 논의 내용은 지난해 11월의 대전 대회와 여러 면에서 달랐다. 우선, 교육과 계몽을 핵심

---

27 《동아일보》, 1923년 6월 8일~7월 9일자, 1924년 2월 11일~15일자. 《매일신보》, 1923년 11월 11일자.

활동으로 삼으려는 취지에서, 사원 자녀들의 신학기 입학 권장, 사원 교육을 위한 강연회 개최, 신문 잡지의 구독, 단기 강습소 개설 등을 주요 안건으로 다루었다. 본사 이전에 관한 문제는 서울 등 여러 지역이 대안으로 제기되었지만, 일단 4월 정기 총회까지 보류하기로 결정하고, 창립 1주년 기념행사를 1924년 4월 25일에 전국 대회를 겸해 진주 본사에서 열기로 하는 한편, 각 지사와 분사에서도 제각기 기념식을 갖기로 했다.[28]

형평사원들 사이의 갈등이 구체적으로 드러난 것은 이 부산에서 열린 전국 임시총회 때였다. 경남 지역의 사원들이 주도한 이 대회에서 참석자들은 1923년 11월 대전에서 열린 전조선 형평 지도자 대회의 주요 결정 사항을 번복했다. 겉으로 드러난 가장 큰 쟁점은 본사 이전 문제였다. 대전 대회에서는 1924년 3월까지 본사를 대전으로 옮긴다고 결정했는데, 부산 대회 참석자들은 1924년 4월 1주년 기념식 때까지 연기하기로 번복한 것이다. 활동 방향에 관한 의견 차이가 깔려 있는 이러한 번복으로 진주 본사의 지도력에 대한 중부 지역 참석자들의 불만은 대단히 컸다. 그들은 부산에서 돌아오는 길에 천안에 모여 별도의 모임을 가졌다. 장지필과 오성환이 주도한 이 모임에서 참석자들은 형평 운

---

28   《동아일보》, 1924년 2월 12일~15일자.

동의 혁신을 내세우며 독자적인 조직체의 발기를 결의했다.

그리하여 1924년 3월 12일에 천안에서 형평사 혁신회의 창립총회를 가졌다. 약 80여 명의 대표자가 참석한 가운데 장지필의 사회로 진행된 혁신회 창립총회에 백촌은 본사위원으로 참석하였는데, 이날 논의된 주된 내용은 본사의 활동에 대한 성토였다. 참석자들은 2주일 안으로 본사를 서울로 옮길 것을 결의하고, 피혁 공장의 설립, 잡지 창간과 같은 새로운 사업을 논의했다. 자본금 20만원을 주식 형태로 모금해 서울에 공장을 설립하고, 그 이익금으로 사원 자녀들을 위한 학교를 설립하며 사원 교양을 위한 잡지를 발간하기로 결정하고, 그 자리에서 출자금 5천원을 모금했다.

이로써 형평사는 창립된 지 1년도 못되어 둘로 갈라지게 되었다. 형평사가 이처럼 진주파와 서울파 둘로 갈라지게 된 근본적인 원인은, 장지필을 비롯한 백정 출신의 중부 지역 사원들과 비백정 출신의 백촌을 비롯한 경남 출신 사원들이 가진, 형평사가 나아갈 방향에 대한 생각이 달랐기 때문이었다.

백촌을 비롯한 진주파는 애초에 형평사를 창립할 때 가진 백정들에 대한 불평등한 사회적 대우를 해소시키려 하는 데 역점을 두었다. 이들은 백정에 대한 사회적 차별 철폐, 사원들이나 그 자녀들의 교육과 계몽 등에 관심을 가지고 있었다. 물론 중부지역 사원들도 여기에 대해서는 같은 생각을 가지고 있었지만, 장지필을 비롯한 서울파 사람들은 사원들의 경제력 향상에 더 관심이 있었다. 그들은 피혁공장을 설립해 전국적인 조직을 통해 피혁 제품의 공동 판매를 하려고 했다. 또 고기값 통제 권한을 사원들이 획득해 지역 간 가격 차이를 없애려고 하였으며, 일본인 단체나 관청 관할인 도살장을 사원들이 직접 경영하도록 노력했다. 이런 진주파와 서울파의 의견 차이가 형평사를 갈라지게 만드는 원인으로 작용했다.

백촌은 형평사가 창립된 지 얼마 되지 않았는데도, 사원들 사이의 의견이 달라 조직이 둘로 갈라질 기미가 보이자 걱정이 이만저만이 아니었다. 백촌은 형평사가 경제적 이익 신장은 형평 사원 개개인이 할 일이라 생각했다. 형평사가 집단으로 이 일에 관여하게 되면, 형평사는 이익 단체가 되어 형평사가 추구해 나갈 본연의 임무에서 멀어질 것이라 판단했기 때문이다. 그러나 이러한 백촌을 비롯한 진주파들의 견해는 백정들의 경제적인 문제를 우선시하는 서울파들에게는 잘 먹혀들지 않았다.

1924년 7월 23일 대전에서 파벌 사이의 갈등을 해소하기 위해 회담을 가졌다. 서울파 대표로는 장지필, 오성환, 조귀용, 그리고 백촌을 비롯한 이학찬, 하석금 등이 진주파 대표로 참석하였는데, 이 회담에서 양측은 8월 15일에 대전에서 특별 전국대회 개최에 합의했다.[29]

29 《동아일보》1924년 7월 27일, 28일, 31일자. 《매일신보》, 1924년 8월 6일자.

이 합의에 따라 형평사 통일 대회가 예정대로 8월 15일에 대전에서 열렸다. 31개 지사나 분사에서 온 대표자 51명을 포함해 100여 명이 참석했다. 그 가운데는 일본 수평사의 도지마 예츠오(遠藤哲男, '遠島哲男'의 잘못된 표기로 보임)도 있었다. 이 대회는 두 파벌의 갈등을 해소하기 위해 형식적으로 여러 가지가 배려되었다. 서울파의 이지영이 개회를 선언하고, 첫째 날 사회는 진주파의 김경삼(대구)이, 둘째 날은 서울파의 이익겸(전북)이 나누어 보았다. 백촌은 이날 두 파벌의 실질적인 지도자로서 장지필과 함께 분열의 책임을 지고 중앙집행위원 자리에서 사임할 것을 공식적으로 선언했다.(그러나 장지필은 백정 출신이란 이유로 평사원 자격을 유지하기로 했다.) 그들 두 사람은 형평사 내의 영향력과 권한을 모두 포기한 것처럼 보였고, 파벌의 분열은 표면상으로는 끝난 것 같았다.[30]

대전 대회는 성공적으로 마쳤지만, 파벌 사이의 적대감은 완전히 사라진 것은 아니었다. 특히, 진주파 사원들의 불만은 그대로 남아 있었다. 그들은 대전 대회 직후인 8월 25일 마산에서 별도의 모임을 갖고 이 문제를 논의했다. 특히, 그들은 장지필이 평사원으로 남기로 한 결정을 빌미로 서울에 거주하면서 실질적으로 서울 총본부의 일에 계속 관여하고 있다고 의심했다. 그들은

---

30   《동아일보》, 1924년 8월 15일~8월 19일자. 《매일신보》, 1924년 8월 20일자.

장지필이 대전대회의 약속을 위반한 것이라면서 혁신 동맹의 핵심 지도자 장지필과 오성환(대전 대회에서 상무집행위원으로 선임)이 총본부 일에서 손을 뗄 것을 요구했다. 그리하여 중앙집행위원회는 장지필에게 총본부를 떠날 것을 요구하고, 상임집행위원은 오성환 대신에 진주파 이경춘으로 교체했다. 그렇지만 파벌의 앙금은 사라지지 않았다. 진주파 사원들은 진주 본사에 보관되어 온 문서를 서울 총본부로 이관시켜 달라는 서울 간부들의 요구에도 협조하지 않았다. 진주파 사원들의 태도가 완강해 화해를 하도록 시도한 노력조차 실효를 거둘 수 없었다.[31]

1924년 11월 6일에 진주에서 개최된 형평사 남조선 대표자 회의의 결의 사항을 보면 당시의 파벌 갈등을 잘 엿볼 수 있다. 백촌은 임시의장이 되어 이 회의를 이끌어갔다.

형평 대표회의[32]

진주 형평사에서는 지난 6일(11월 6일임) 오후 7시에 남조선 대표자회의를 진주 사무실에서 개최하였는데, 합천, 산청, 고성, 사천, 단성, 함안, 의령, 창원, 김해, 대구, 순창, 마산, 부산, 창녕, 통영,

31   《동아일보》, 1924년 8월 27일, 9월 16일, 10월 11일, 17일자. 《매일신보》, 10월 1일, 4일자.
32   《시대일보》, 1924년 11월 11일자.

나주, 서천, 곤양 등지에서 출석한 대표 제씨는 임시 의장 강상호 씨 사회 하에 다음과 같은 여러 사항을 결의했다.

1. 형평운동을 방해하는 부정 사건과 본사 사무를 방해하는 대구 김경삼, 경성 장지필, 일본 수평사의 도지마 예츠오(遠島鐵男)를 사회적으로 매장하는 동시에 경성에 있는 소위 혁신파 본부를 해산시킬 방침을 강구할 일.
2. 기근 구제의 건은 사원의 동정금을 모집해 그 금액을 각 신문사에 위탁할 일
3. 충남 천안군 입장 사건은 각 국 대표를 선정해 각 실업자를 보조케 할 일.
4. 전 조선 형평(사) 순회의 건은 상무위원을 선정해 일임케 할 일

파벌 갈등이 되살아나자, 해소 노력이 다시 다각적으로 일어났다. 한편으로는 일부 젊은 사원들이 독자적으로 파벌 해소와 형평운동의 발전을 모색하는 활동을 벌였다. 대표적인 예가 서울의 정위단과 정행단 같은 독자적인 하위 단체들의 결성이었다.[33]

정위단은 총본부 지도부의 파벌 싸움에 불만을 품은 젊은

---

33   《동아일보》, 1925년 1월 11일, 16일, 3월 28일, 30일자.

사원들을 중심으로 1925년 초에 결성되었다. 약 50여 명의 회원들은 1925년 1월 1일에 서울 총본부에서 발기회를 가진 뒤, 1월 10일에 같은 장소에서 공식적으로 창립총회를 열었다. 서울의 이경춘이 개회를 선언한 뒤, 진주의 정희찬이 의장을 맡아 회의를 진행하였고, 서울의 서광훈이 경과보고를 했다. 참석자들은 강령을 채택하고 주요 현안 문제를 논의한 뒤 몇 가지 사항을 결정했다.

그 내용으로 미루어 보아 정의단의 목적은 사원들의 생활 안정을 꾀하며, 직업을 보호하고, 사원들끼리 상호 협력을 이루는 것이었다. 또 외부의 압력에 대해 전 단원이 단호히 대처할 것과 본부 위치 문제로 파벌 싸움을 벌여 형평사에 피해를 입히는 사람들을 응징하고, 파벌 분열을 극복해 40만 사원의 단결을 공고히 할 것을 결의함으로써, 반형평 운동과 형평사 분열에 반대하는 입장을 뚜렷하게 보여 주었다. 자연히 파벌 문제는 그들의 주요 관심사였다.[34]

1월 14일에 열린 임시총회에서 파벌 문제를 다시 논의하면서, 중앙총본부 집행위원들의 무성의를 질책하며, 대전의 통일대회 결의를 무시하는 두 파벌의 지도자인 백촌과 장지필을 엄중히

34　《동아일보》, 1925년 1월 3일 11일자. 《시대일보》, 1월 12일자. 《매일신보》, 1925년 1월 12일자.

응징할 것과 전국대회를 소집할 것을 결의했다. 파벌 분열에 대한 그들의 단호한 입장은 지도 세력의 단결을 갈망하는 사람들로부터 많은 갈채를 받았다.[35]

서울파와 진주파의 통합 노력은 형평사 창립 2주년 기념일을 즈음해 성취된 것으로 보인다. 창립 2주년 기념식 겸 전 조선 형평사 제3차 정기대회가 1925년 4월 24일에 예정대로 서울 견지동 시천교당에서 열렸다. 이 전국 대회는 전국 지사와 분사의 대표자 130여 명과 내빈 70여 명이 참석한 가운데 장지필의 개회 선언으로 시작되었다. 의장으로 이소(李笑, 본명 이동구)가 선임되었고, 의장의 직권으로 오성환 외 1인이 서기로 임명되었다. 양 파벌의 통합 대회였지만, 회의 진행의 주도권은 서울파 지도자들이 갖고 있었다. 일본 수평사를 포함한 여러 단체의 축전 수십 통 낭독과 상무집행위원 장지필의 경과 보고, 회계 보고로 이어졌다. 이 날 논의된 주요 의제는 형평운동의 진행 방침과 교육 및 생활 문제였다. 야학이나 강습소의 설치와 사원 자녀의 정규 교육이 강조되었으며, 도수장, 고기 판매, 소가죽 건조장, 도부 요금 등 전통 산업 문제가 다루어졌다. 이렇게 교육과 생활 문제가 함께 다루어진 것은 두 파벌의 중점 사업을 포괄하려고 노력한

35   《동아일보》, 1925년 1월 16일자. 《시대일보》, 1월 16일자.

결과였다.

그리고 총본부 간부 선임이 몇 단계의 절차에 따라 진행되었다. 먼저 참석자들이 중앙집행위원을 뽑기 위한 전형위원을 선임하면, 그 전형위원들이 모여서 중앙집행위원 후보를 뽑아 대의원 전체 회의에 추천했다. 그러면 전체 회의의 대의원들은 전형위원들에 의해 추천된 사람들의 승인 여부를 일괄적으로 결정해 최종적으로 중앙집행위원을 선임했다. 이러한 선출 과정은 그 이후의 전국 대회에서 임원 선출 방법의 관행으로 굳어졌다. 이번 대회에서 이 절차가 처음 시행되었지만 비교적으로 순조롭게 진행되어 전형위원 장지필, 이지영, 강상호, 오성환, 이칠봉이 추천한 21명이 대의원들의 이견없이 중앙집행위원으로 선임되었다. 백촌도 이 중앙집행위원으로 선임되었음은 물론이다.

1925년 12월 20일자 《시대일보》 기사를 보면, 형평사의 주도권은 장지필이 가지고 있으며, 사원들의 이익을 위하는 일로 형평운동의 방향이 바뀌고 있음을 알 수가 있다. 장지필은 서북 및 영남을 비롯한 삼남 일대의 형평사원들의 실태를 조사하는 책임자로 지명된 반면에, 백촌은 겨우 경남 지방의 실태를 조사하는 책임자의 한 몫을 담당하고 있는 것을 보면 장지필의 위상을 알 수가 있다.

형평사 제6회(1928년) 전국대회 포스터. 형평사 제8회(1930년) 전국대회 포스터.

형평 사원의 직접 이익 도모 본부에서 특파원 파송

조선의 형평운동은 아직 역사가 짧음에도 불구하고 나날이 힘이 굳세어가며 판이 짜여 가는 모양인 바, 시내 형평사 중앙 본부에서는 다음과 같이 전국적으로 특파원을 파견해 형평 사원의 직접 생활 이익을 도모하기 위해 우선 수육 가격, 건피장, 도부업 등에 대한 세금과 형평 사원들의 현재 생활 상태를 철저히 조사할 터이라고 한다.

충북 : 백정록, 길순오, 이지구

경북 : 박태우, 김경삼, 김사환

강원 : 이춘복, 길만학

경남 : 박태우, 장양수, 강상호, 이학찬

충남 : 오성환, 미정

전북 : 천군필, 송조

경기 : 조관옥, 서광훈

서북, 영남 및 삼남 일대 : 장지필

그리고 1926년 1월 14일자 《시대일보》 기사를 보면, 당시까지 백정들이 어떤 대우를 받으며 살아왔는지를 잘 보여 주고 있으며, 그러면서도 형평운동이 뿌리를 내려가고 있음을 알 수 있다. 형평운동 단체수가 전국적으로 194개에 이르며 회원이 28만 명에 달하고 있고 여러 하부 조직도 만들어져 가고 있음을 알 수가 있다. 이러한 변화는 백촌을 비롯한 형평운동가들의 노력에서 비롯된 것이다. 반형평운동에 맞서며, 내부의 갈등을 추스르며 백정들의 인권 신장을 노력해 온 결과인 것이다.

신년의 희망
형평운동의 신포부

'백정놈의 자식' 이 소리는 지금까지도 방방곡곡 닿는 곳마다 제일 하천한 욕설로 쓰는 말이다. 삼척동자라도 백정이라면 개 피나 받고 쇠고기나 베어 파는 더 말할 여부가 없는 하천한 인간으로 생각했다. 이와 같은 차별의 대우에 오백년의 길고 긴 세월 동안 자자손손 이어올 때에 그들의 신변에 닥치는 구박과 곤욕이야 어느 지경 심하였으랴! 그들은 자기들을 짓밟기만 하던 유유한 피문은 역사를 흘겨보며 '우리도 사람이다!'라는 힘있는 부르짖음으로 봉화를 붙들고 경종을 울렸다. 때는 이로부터 2개년 전인 즉, 1923년(계해년) 4월말이었다. 이 해는 조선서는 형평운동의 원년이라고 부른다. 처음은 경남 진주에서 장지필, 강상호 등 10여 명이 우렁찬 부르짖음으로 비롯해 형평운동의 봉화를 들게 되었는데, 붓뚜껑이 열리자 땅속으로부터 지열이 폭발한 듯이 어느덧 전국의 40만 형평군은 일제히 군호 맞추듯이 고함을 지르며 고기 베던 칼로 도마를 치며 일어났다. 그리하여 그 형세는 온 사방의 놀라운 눈동자를 돌리게 하는 동시에 곰팡이 썩은 머리를 가진 양반 축들은 한 번 다 아니꼽게 노려보았다. 형평운동이 나날이 가속도로 나갈수록 양반 축들의 아니꼬운 생각은 모가지까지 들어찼다. 그리하여 어리석은 양반 축들은 한 번 다시 백정들을 눌러보려는 옛날 버르장머리로써 혹은 우매한 경찰의 후원까지 받아가지고 형평운동을 때려 부수려고 했다. 형평운동이 일어난 후 이때까지 짧은 동안에 박해받은 사건은 일일이 들어 말할 겨를이 없거니와, 진주폭동을 비롯해 김해사건, 보령사건, 수원사건, 천안사건, 대구사건, 예천사건 같은 것은 천하가 다 알다시피 혹은 부상 혹은 투옥 등 생각할수록 살점이 떨리고 피가 튀는 일이 얼마인지 모르겠다고 한다. 이와 같은 박해와 유린을 받으면서도 아직 역사가 일천함에도 불구하고 놀랄 만큼 큰 성과를 나타내었으니 형평운동 4년을 맞는 오늘날까지 본부를 경성 와룡동에 두고 전국적으로 단결한 단체수는 194개요, 회원은 28만 명에 달했다는데, 이와 같은 28만 명이라는 대중의 단체는 일찍이 그 짝을 보지 못하던 일이 아닌가 한다. 그리고 그 사업도 점점 조직적으로 나가는 바, 지금은 형평 사상 단체로 정위단이 있어서 사상을 연구하며 또는 보급함에 노력하는 중이요, 형평청년단체를 따로 모아서 형평청년연맹을 조직하는 중이요, 학생 운동도 형평학생운동을 구별하기 위해 형평학우친목회를 조직했다 하며, 여성운동도 형평여성을 따로 단결시킬 계획이라는데, 형평운동을 더욱 끈기 있게 지속해 완전한 성공을 얻기 위해서는 교양이 필요하다 하여 새해를 맞이하면서는 모든 일을 더욱 조직적으로 계획하며 실질적으로 해 나가되, 교양에 각별히 주의하여 형평운동의 참 의의를 깨닫게 하며, 또는 현재 자본주의 조직을 철저히 연구해서 형평운동의 나갈 길을 깨닫게 하려고 한다 하며, 잡지 《세광世光》도 발행해 특히 이 점에 노력할 터이라고 하는 바, 형평운동의 앞길은 과연 희망이 많다.

1925년 4월의 전국대회 직후, 위계질서의 구조는 계급 철폐를 주장하는 형평운동의 기본 정신과 맞지 않다는 주장에 따라, 총본부의 직제를 위원장 중심에서 집단 지도 체제로 바꾸기로 하였고, 그에 따라 1926년 4월의 상무집행위원회는 업무 구분 없이 구성되었다. 1926년 4월 24일 서울의 정기총회에서 참석한 약 300명의 대표자가 뽑은 중앙집행위원회 25명 가운데 선임된 9명의 상무집행위원은 진주파의 신현수를 제외하고 모두 '서울파'의 지도자들이었다. 특히, 정기총회 때 진행을 맡은 의장 장지필, 서기 신현수와 김종택은 상무집행위원으로 선임된 반면에, 부의장인 백촌은 제외되었다. 이것은 형평운동의 핵심 권력이 충남, 전북, 경기 등 중부 지역 출신의 "개혁주의적" 지도자들에게로 확실히 넘어간 것을 보여 준다. 한편으로는 신현수, 임윤재, 유공삼 같은 비백정 출신의 지도자들이 등장한 것이 특이했다.

이런 와중에 고려혁명단 사건이 발생했다. 1926년 3월에 만주 지역을 중심으로 해, 애국지사들이 일본에 대한 무장 투쟁과 독립 운동 단체의 대동단결을 위해 정의부가 중심이 되어 고려혁명당이란 단체를 만들었는데, 약 1,600여 명이 이 단체에 가담했다. 이 단체에 형평사원 이동구(형평사 중앙집행위원), 장지필, 오성환, 조귀용, 서광훈(이상 상무집행위원) 유공삼 등이 가담했다. 그런데 이 단체에는 사회주의 사상을 가진 사람들이 다수가 있어 당원들 사이의 갈등이 잦았으며, 당을 분열시키려는 일제의 간계가 이어졌다. 그러자 민족주의자들이 공산주의자들의 모략을 깨닫고 대부분 탈당하였고, 정의부도 인연을 끊어 버리자, 몇 개월 지속되지 못하고 이 단체는 유명무실하게 되었다. 그러던 중 1926년 12월에 당 집행위원 이동락이 체포되었는데, 이로 인해 이 단체에 가담한 위의 형평 사원들도 모두 체포되었다. 이들에 대한 재판은 1928년에 최종 언도가 내려졌는데, 이동구 5년, 오성환 3년, 유공삼 2년 등의 실형이 내려졌다.

고려혁명당 사건은 형평사에 큰 변화가 일어났음을 보여 주고 있다. 첫째는 형평사의 지향점이 '신분 해방'을 넘어 '민족 해방'의 문제로 확대되었다는 점이다. 둘째는 형평사의 지도자들이 국내외의 다른 사회운동 단체와 연대해 활동했다는 점이다. 셋째는 형평사원들 중에 사회주의에 관심이 있는 사람들이 많아졌다는 점이다.

고려혁명당 사건을 전후해 형평사는 이 단체를 만든 취지와는 다른 목적으로 형평사의 방향이 변질, 확대되어 갔는데, 이는 백촌이 애초에 형평사를 만든 의도와는 다른 것이어서 백촌은 심적인 갈등이 많았다. 그러나 백촌은 고려혁명당 사건이 발생할 당시 진주파 대표자이며 조선형평사 중앙집행위원으로 있으면서, 형평사가 변질되어 가고 있는 것을 인지하고 있었음에도, 형평사를 창립할 때의 취지대로 잘 이끌어가려고 노력했다.

경성 형평사 본부를 비롯해 그 사원의 대검거의 사실이 각 신문에 게재됨에 그 사원들은 놀라운 빛으로 그 사실의 여하를 주목하고 있는데, 조선형평사의 발원지인 진주 형평사를 방문한즉 조선형평사 창조자인 현 조선형평사 총연맹 중앙집행위원 강상호 씨는 말하되, "나도 그 신문의 보도만으로 대개의 사실은 알았으나, 아직 본부로부터 아무 통지가 없을 뿐 아니라 나는 형평사 본부가 경성으로 옮겨간 후로 그 본부의 일은 다 알 수 없습니다. 그러나 이 번 일은 해외에서 무슨 단서가 발생된 것 같이 보도되었으나, 나의 추상(推想)으로는 그런 일은 절대로 없을 것 같습니다. 만일 그런 사실이 있다 하더라도 그것은 개인의 일이라 할 수밖에 없는데, 그것으로써 우리 형평운동에 무슨 중대한 관계가 있겠습니까? 그러나 사원 간에는 혹 오해나 없을까 해 오늘 각처로 전보를 보냈습니다. 금후의 형평운동은 나로서는 과거와 같이 조금도 등한히 할 수는 없습니다. 금년부터는 철저히 좀 해 볼까하고 새해에 서면으로써 사원과 사회에 향해 성명한 일도 있거니와, 음력 정월에는 곧 상경해 적당한 신정책을 확립하고 시종일관으로 나아가 볼까 합니다." 운운하며 이 사건의 후보(後報)를 기다리는 모양이더라.[36]

위의 신문 가사를 보면, 백촌은 형평사 본사가 서울로 옮겨 간 뒤부터는 본사와 관계가 멀어져 있으나, 그럼에도 아직 본사에 영향을 미칠 수 있는 위치에 있었음을 알 수 있다. 고려혁명당 사건으로 말미암아 일부의 핵심 지도자들이 활동을 할 수 없게 된 상황에서 전면 재편된 1927년의 지도 세력 구성에서 '지식인 백정' 지도자들의 주도권이 더욱 강화되었다. 의장인 백촌과 부의장 이춘복의 사회로 진행된 1927년 4월 24일 서울의 정기총회에서 약 300명의 대의원들은 단체의 이름을 '조선형평사 총연맹'에서 '조선 형평사 총본부'로 바꾸기로 결정하고, 다른 때보다 적은 23명의 중앙집행위원을 뽑았다. 고려혁명단 사건으로 일부 지도자들이 구속되자 중압집행위원 수를 줄인 것이다. 중앙집행위원 가운데 다시 상무위원 9명을 뽑았다가, 1927년에 가서는 그 수를 5명으로 줄였다.[37]

---

36 《중외일보》, 1927년 1월 26일자.
37 《동아일보》, 1927년 4월 25일, 27일자.《매일신보》1927년 4월 26일, 27일자.《동아일보》, 1927년 4월 27일, 29일자.

이런 가운데에서도 형평운동은 잘 진행되어 가고 있었다. 1928년 4월 26일에는 창립 6주년 기념식이 거행되었는데, 이 기념식은 백촌의 사회로 진행되었다.

> 진주 형평사는 창립된 후 6개 성상을 지내는 동안 부단의 투쟁을 해 오던 바, 지난 4월 26일 오후 1시에 6주년 기념식을 강상호 씨의 사회로 거행하였던 바, 10여 사원의 소감과 내빈 축사가 있은 후 동 4시경에 다과회를 마치고 폐회를 했다 하더라.[38]

1920년대 후반에 이르러 형평 운동은 지도 세력, 전략, 조직, 활동 내용 등 여러 측면에서 많은 변화를 겪었다. 이러한 변화는, 다른 사회 운동 단체의 우호적 협력이건 편협한 보수주의 세력이나 일제의 적대적인 억압이건, 바깥 환경의 영향이 부분적으로 작용한 결과였다. 특히, 1920년대 후반에 더욱 두드러지게 나타난 사회주의 사상의 영향 탓으로 형평사원들 사이에 이념적 갈등이 커졌으며, 그것이 1930년대의 진로에 크게 작용했다.

첫째는 이른바 '해소론'(解消論, 형평사 해체 후 노동계급 중심의 노동조합에 참여하자는 견해)을 둘러싼 논쟁이다. 1920년대 후반에 부상한 급진적인 젊은 지도 집단이 1930년대 초 사회주의 단체의 영향 아

---

[38] 《중외일보》, 1928년 4월 28일자.

래 형평사 해소를 주장하자, 형평사원들은 크게 찬반으로 갈리어 논란을 벌였다. 이러한 해소론 논쟁은 형평사 내의 이념적 갈등을 반영해 주는 것이었으며, 또한 급진 세력의 존재를 확인시켜 준 것이었다.

둘째는 이른바 '형평청년 전위동맹' 사건이다. 침략 전쟁을 준비하는 일제는 군수품인 피혁 제품을 취급하는 형평사를 철저하게 통제할 필요성을 갖게 되었다. 그리해 일제가 형평사 내의 급진 세력을 축출하기 위해 조작한 사건이 일어난 것이었다.

셋째는 대동사(大同社)로의 전환이다. 형평청년 전위동맹 사건으로 급진 세력이 완전히 몰락하게 되자 일제에 부역하던 세력이 형평운동의 주도권을 잡게 되었으며, 급기야는 1935년에 이름까지 대동사로 바꾸면서, 형평 운동의 원래 성격을 상실한 채 일부 사원들의 경제적 이익을 도모하는 이익 단체로 전락했다.

7. 형평사의 변질로
형평운동과 멀어지다

백촌이 49세가 되던 해, 형평사를 창립 취지대로 이끌어 가려는 노력을 했음에도 불구하고, 형평사는 창립된 지 13년째가 되던 해부터 이름도 바뀌고, 단체의 성격도 바뀌었다. 형평운동의 퇴조가 두드러진 상황에서 지도자들은 새로운 전환을 모색했다. 1935년 4월 24일 서울 중앙기독교 청년회 강당에서 열린 제13회 정기 전국대회에서 약 140여 명의 대의원들은 단체의 명칭을 형평사에서 대동사로 바꾸기로 결정했다.

형평청년 전위동맹 사건에 연루된 지도자들이 감옥에 갇혀 재판을 기다리는 상황에서 만 12년의 역사를 지닌 형평사는 막을 내리고, 새로운 이름의 단체가 되었다. 형평사 안의 급진 세력이 완전히 몰락한 가운데, 지도력은 형평사 창립 초기의 온건한 경남 지도자들에게로 넘어갔고, 활동 내용도 일제에 부역하며 집단의 이익을 도모하는 것으로 바뀌었다.[39]

　　명칭이 대동사로 바뀌면서 활동의 성격도 달라졌다. 이 시기의 활동 내용이나 주도 세력 등이 형평사 때와 분명하게 달랐다. 백촌이 50세 되는 1936년 1월 11일 대전에서 열린 대동사의 임시 총회는 12개 지부에서 온 대의원 19명이 참석했다. 의제에는 신분 해방 문제가 들어 있었지만, 전반적으로 경제적 권익에 관한 것들이었다. 그 가운데는 형평사 빚을 갚기 위한 서울 총본부 회관의 매각 건도 들어 있었다. 이날 회의에서 부산의 부유한 피혁상인 이성순이 집행위원장으로, 백촌은 부위원장으로 선출되었다. 이들은 경남 지역 출신의 온건 세력이었다. 형평사 창립 초기의 지도자들이 다시 주도권을 잡은 것이다.

　　같은 해 4월 24일 대전에서 백촌이 임시 의장으로 진행한 대동사 전체회의에서도 의제의 핵심은 경제적인 문제였다.[40]

39　《동아일보》, 1936년 4월 25일, 《조선일보》, 1936년 4월 25일자.
40　《조선중앙일보》, 1936년 4월 28일.

지난 2월 22일에 확대위원회를 소집하고 본부를 대전에 이전할 것과 산업부를 조직해 우피 통제를 실현하기로 결의한 대동사 본부 측에서는 지난 (4월) 24일 오전 11시부터 대전 경심관 극장에서 제14회 전체회의를 개최하고 46개소 지부에서 123명의 대표가 출석해 대성황리에 임시의장 강상호 씨의 사회로 회의를 진행했다. 먼저 경과보고에 들어가 가지가지의 활동을 재음미한 후 아래와 같은 토의안을 만장일치로 결의했다는 바, 집행위원장에 이성순, 부의장에 진주 강상호 씨가 선거되었다고 한다.

토의안

1. 지부 조직에 관한 건
2. 본부 유치에 관한 건
3. 본부 회관에 관한 건
4. 산업에 관한 건
5. 교양에 관한 건
   (1) 우육 통제 판매
6. 정의부 조직에 관한 건
   (2) 수육 판매조합 조직
7. 도대회 조직에 관한 건
8. 명년도 대회 장소에 관한 건
9. 중앙집행부 선거에 관한 건
10. 예산안에 관한 건

이제 백촌은, 형평사가 창립할 때의 목적과 전혀 다른 단체로 변질되고, 지위도 부위원장을 밀려나 더 이상 주도적으로 할 수 있는 일이 없었다. 이름이 바뀐 대동사는 백정들의 신분을 해방해 인권을 신장시키고, 그들의 교육 수준을 높여 더 나은 삶을 누리게 하는 것보다는 경제력 향상을 주된 목적으로 삼았다. 백촌은 애초에 형평사가 창립될 때의 목적과는 멀어져 이익 단체로 변질되어 가고 있는 것을 목격하면서도 자신의 힘으로 할 수 있는 일이 별로 없게 되었다. 이제 형평사를 떠날 수밖에 없음을 실감하고 초창기에 장지필과 대립할 때부터 형평사의 변질을 예감한 일이었지만, 애써 만든 단체를 떠난다고 생각하니 온갖 감회가 떠올랐다.[41]

1938년 11월 일제의 피혁 통제 파문이 크게 일어나는 시기에 중앙집행위원장은 장지필이었다. 그리고 1939년의 대동사 정기 전국대회에서 장지필이 위원장으로 선출된 것으로 미루어 보아, 그는 1930년대 중반 총본부의 일에서 한동안 물러났다가 1930년대 말에 복귀한 것으로 보인다. 이 시대 장지필의 복귀는 백촌의 퇴조를 의미했다.

---

41 《동아일보》 1936년 6월 12일, 1938년 4월 28일자. 《조선중앙일보》, 1936년 6월 18일자.

백촌 강상호

Ⅳ장

형평운동을 그만둔 뒤의 삶

1. 일제강점기 후반

　1935년에 이르러 형평사는 조선총독부의 압력과 간계, 그리고 경제력 향상을 우선시한 사원들에 의해 형평사란 단체 명칭이 대동사로 바뀌었다. 백촌은 대동사의 부위원장으로 추대되었으나, 형평운동 본래의 순수한 취지와 정신이 변질됨과 함께 친일화되어 가는 것을 보고 안타까움을 금할 수 없었으나 속수무책이었다. 그리해 1936년 6월 광주에서 열린 대동사 전남연합회 창립대회에서 사회 본 것을 마지막으로 형평사 일에 손을 뗐다. 마음에 큰 상처를 받은 백촌은 그동안 돌보지 않아 피폐해진 가정으로 돌아갔다. 이후 일체의 사회활동을 접은 은둔자로서 "진주부 서봉정(지금의 봉곡동) 427번지"의 집에서 아내 이갑례가 생업을 위해 벌린 양잠업에 전심전력하는 작은 농부로 변신했다.

2. 광복 직후와 한국전쟁 전후

광복을 맞이한 백촌은 여생을 정리하는 조용한 생활을 하지 못하고 다시 험난한 소용돌이 속으로 말려들어갔다. 그것은 광복 후 신생 대한민국 정부를 수립하려는 격변기에 좌우양파 모두의 지도자들이, 악의이든 선의이든, 백촌을 그들의 협력자로 끌어들이기 위해 본인의 의사와는 전혀 상관없이, 그들 임의대로 추대하였으며, 백촌은 그로 인해 피해자가 되었다. 백촌은 이용 가치가 있는 사람으로 알려져 광복 후 좌파, 우파 어느 쪽이던 백촌을 자기들의 협력자로 만들기 위해 성가시게 했다. 그리하여 백촌은 그들의 협력자가 되지 못할 때에는 반대로 그들의 적이 되어 오히려 탄압을 받아야 하는 존재가 되었다. 당시 백촌이 오로지 바라는 것은 모든 사람이 평등하게 인격을 존중받는 평화로운 사회가 되는 것이었다. 그런데 뜻밖에 백촌은 한때 진주시인민위원장이었다는 누명을 쓴 일이 있었다. 이 일에 관해 김경현은 《명석면사》에서 다음과 같이 기술하고 있다.

"강상호 선생이 진주시인민위원장을 했다고 오해를 받고 있으나 여러 가지 정황과 기록상 근거 없는 낭설로 추측된다. 당시 진주시인민위원장은 김인세로 대검찰청의 《좌익사건실록》에 기록돼 있다. 김인세는 현재 오미리에서 제일제재소를 경영하고 있는 김건호 사장의 작은 아버지이다. 김 사장은 '존경하는 나의 중부님이 한국전쟁 당시 진주시인민위원장을 지냈다는 것은 명백한 사실이다. 그래서 강상호 선생이 한국전쟁 때 인민위원장을 지냈다는 소문은 잘못된 것이다. 만약 강상호 선생이 인민위원장을 지냈다면 한국전쟁 전의 일이거나 와전된 이야기일 것이다.'고 말했다."

백촌은 한때 한국전쟁 당시 중안초등학교 서우용 교장과 같이 명석면 왕지리에서 피난생활을 하고 있었다. 그러던 어느 날 인민군 공작대원 같이 보이는 사람이 총을 메고 찾아와 백촌을 연행해 간 사실이 있었다. 백촌은 공산주의자가 아니기 때문에 그들의 어떤 호의적인 제안도 사양했다.

백촌은 이 밖에도 성가신 일을 많이 당했다. 광복 후 단 하나의 대한민국정부 수립을 원하였기 때문에 우파들에게 큰 성가신 인물로 낙인되었는지, 광복 직후 특무대나 아니면 경찰서에 연행되어 가는 일이 다반사였다. 백촌의 아내와 아들 강인수는 수시로 진주경찰서 앞 배영초등학교(현 진주교육지원청) 정문 근처에서 머뭇거리며 백촌이 경찰서에서 풀려 나오기를 기다린 적이 한두 번이 아니었다고 기억하고 있다.

"당시에는 배영초등학교와 경찰서 사이에는 집 한 채 없는 넓은 공간이 있었으며 그 빈터의 북쪽에는 군 특무부대가 자리 잡고 있었다. 내가 초등학교 5학년 때였던가 보다. 경찰서 주위를 배회하고 있을 때, 날 부르는 소리가 들려 돌아보니 경찰서 이층 창문에 어떤 경찰관 아저씨가 있었으며, 바로 그 아저씨 옆에서 아버지가 손짓을 하며 이층으로 올라오라고 했다. 나는 이층 복도에서 안내를 받으며 아버지가 머무르고 있는 방으로 들어갔다, 아버지와 경찰관이 담소를 하고 있었다. 아버지는 그 다음 날 풀려나왔다. 이 일은 상부의 지시에 의해 죄 없이 구금된 아버지에게 담당 경찰관이 특별히 베풀어 주는 면회였다.

또 한 번은 특무대인지 몰라도 신분은 알 수 없는 기관 사람들에 의해 아버지가 경남 산청까지 연행되었는데, 어머니가 그 대장님이 묵고 있는 호텔 같은 데로 찾아가 두 손을 빌어 그 다음

날 풀려 나온 적도 있었다. 이렇게 광복 후 아버지는 아무런 죄도 없고, 공산주의 단체에 가입한 일도 없는데, 툭 하면 붙잡혀가 편안한 날이 없었다. 이런 일들이 계속되다가, 아버지는 결국 본인도 모르게 반공 단체로 포장된 이른바 '국민보도연맹'이란 단체에 누군가에 의해 이름이 오르게 되었다. 아버지뿐만 아니고 삼촌인 강영호(아동문학가)도 함께 그 명단에 올라간 것이다.

결국 6·25 전쟁이 일어나자 친 공산주의자에 대한 학살 명령이 하달되었다. 이때 백촌은 양심 있는 경찰관으로부터 은밀하게 '학살 지령이 내렸으니 속히 피하라.'는 연락을 받을 수 있었으며, 진주 형평사 사원들의 도움을 받아 급히 피신을 했다. 그러나 정의감이 투철한 삼촌(강영호)은 이에 반항해 '내가 무근 죄가 있다고 나를 잡아가.'하며 설마 하는 생각으로 피하지 않았다. 이것은 큰 실수였다. 아니나 다를까 그날 밤에 경찰인지 특무대 헌병인지 무장한 사람들이 들이닥쳐 삼촌을 붙잡아 갔으며, 그 후 영영 삼촌은 돌아오지 못했다."

한국전쟁 이후의 백촌의 생활에 대해서도 강인수가 지은 《은총의 여정》에 기록된 것이 있어 그대로 옮긴다.

"죄 없는 아버지는 이렇게 '국민보도연맹' 사건으로 국군의 수도 탈환 및 한국전쟁이 끝난 직후에도 피신해야만 하였으며, 결국은 정든 집을 떠나 처가가 있는 진양군 일반성면 남산리로 이사를 가게 된 것이다, 이렇게 얼마동안 피신한 후, 한국전쟁으로 인한 피해도 어느 정도 복구되어 가면서 치안과 질서도 정상을 되찾게 되자 아버지는 아무런 죄가 없기 때문에 더 이상 문책을 받지 않았다.

파란만장한 일생을 사시다가 돌아가신 우리 아버지! 그러기에 해마다 설날이 되면 아버지의 생각이 많이 난다. 나의 유년시절에 있었던 얘기다. 해마다 설이 다가오면 아버지와 함께 나는 이발소에 머리 깎으러 갔다. 몇 시간씩 차례를 기다리기가 지루해 나는 이발소를 들랑날랑하였지만 아버지는 순서를 양보하려는 사람들의 호의를 사양하고 신문을 보시곤 하던 생각이 난다. 그 때에는 명절날이면 이발소는 만원이었다. 아버지와 같이 간 곳은 이발소뿐만이 아니다. 목욕탕에도 꼭 같이 갔었다. 알몸으로 탕에 들어서면 뜨거워 참기 어려웠지만 그래도 잘 견뎠던 모양이다. 아버지는 거친 검정색 비누를 수건에 치대어 내 등을 밀어주셨다. 그 때에는 어려운 시절이어서 한 달에 한 번 정도 목욕탕에 가면 본전을 찾으려는 듯 온 몸을 세게 문질러 살이 발갛게 부어오르도록 때를 밀었다. 이렇게 내 유년시절에는 아버지와 같이 다니는 때가 많았다. …… 섣달그믐 날에는 으레 연중행사로 아버지는 제사 준비를 위해 밤 치기와 문어 오리기를 하셨다. 아버지는 이 두 가지 일에는 정말 달인이었다. 예리한 칼로 밤을 다듬어 반듯한 모양을 내고, 문어를 예쁘게 오려서 여러 가지 꽃

모양을 만들기도 하셨다. 나는 물론 옆에서 밤 한두 톨, 문어 꼬리 하나를 얻어먹으려고 자리를 떠나지 않고 있었다. 설날에는 먹을 것도 많지만, 어머니가 손수 길쌈을 해 짠 검정색으로 물들인 무명베로 지어준 옷을 입고서, 양복점에서 맞춘 새 양복을 입고 새 양말을 신은 삼촌(강영호)네 식구와 모두 함께 세배하면 세뱃돈을 타던 일은 정말 신났다. 왜냐하면 이 돈으로 동네 개구쟁이 아이들과 함께 할 일도, 쓸 곳도 많기 때문이었다. 또 한 가지 신나는 일은 아버지, 어머니와 함께 기차타고 외가에 가는 것이다. 반성역에서 내려 반성천의 징검다리를 건너 매화산 넘어 걸어서 십리 길을 걸어 외가로 갔다. 참 신나는 나들이였다.

나는 철없던 유년 시절, 세상 모르고 눈물 없이 그런대로 지내온 것 같다. 그러나 광복 이후 내가 세상을 알게 된 이후로는 유년 시절과는 너무나 달랐다. 과거를 회상하면 내겐 정말 부끄럽고 아픈 상처뿐이다. 설날을 중심으로 과거를 회상해보니 한국전쟁 당시의 일들이 생각난다. 외가(아버지에겐 처가)가 진양군 일반성면 남산이기에 아버지는 이곳을 연고로 삼아 여생을 보내기로 하신 것 같다. 진주의 큰 기와집을 당시 방첩대장으로 알려진 분에게 헐값으로 넘기고, 그때 받은 돈으로 진주군 반성면 남산리에 겨우 작은 초가집을 한 채 마련했다. 어머니는 이 작은 초가집이나마 낙을 붙이고 새로운 삶을 시작하시랴 온갖 노력을 아끼지 않으셨다. 남산에서 터전을 잡고 새 삶을 시작하려고 노력하던 때에 일어

한국전쟁으로 피난을 가서 살던 처가가 있던 진주시 일반성면 남산리 전경.

난 일들이 기억난다. 아버지는 소일 삼아, 그리고 남산리와 그 주변 마을 청년들의 요청에 의해 우리 집 작은 초가집 사랑방에서 훈장처럼 천자문, 명심보감, 그리고 붓글쓰기를 가르치셨다. 아버지는 한문에 능통하시고 붓글씨도 참 잘 쓰셨다. 내가 진주에서 살던 유년 시절에도, 아버지의 글씨를 받으러 우리 집을 찾는 단체나 개인들을 자주 볼 수 있을 정도로 아버지는 알려진 명필이셨다. 그러기에 남산리 청년들은 아버지가 초서로 쓰신 서풍(書風)을 보고 그 필체를 익히면서 감탄하곤 했다. 한문 가르쳐 준 보답으로 동네 청년들은 설날이면 산에 가서 나무를 한 짐씩 해다 주거나, 떡국거리를 만들어 가져다주기도 했다. 이렇게 얼마동안 청년들이 열심히 공부했다.

그런데 이 소문이 널리 퍼지자 생각지도 못한 불상사가 발생했다. 같이 어울려서 한문 공부를 받지 못하는 집 청년들의 시샘과 불평이었다. 불량배 같이 보이는 청년들이 찾아와 시비를 걸기도 하고, 온갖 뜬소문을 만들어 퍼뜨리기도 하였는데 마침내 사건을 만들고 말았다. 그때가 정확하게 언제라고는 기억할 수 없으나, 우리 집에서 얼마 안 되는 거리에 있는, 정장환이라는 분이 자기 아들이 같이 공부하지 못한 것에 앙심을 품고 아버지를 모함하기 시작했다. 반성 장날 일반성 지서에 가서 '우리 마을에 진주에서 강상호라는 빨갱이 한 놈이 침입해 동네 청년들을 모아놓고 빨갱이 교육을 한다.'고 모함했다.

그 당시 일반성 지서장은 다행히도 우리 아버지를 잘 알고 계시는 박윤근 씨였다. 이 모함 소식을 듣고 박윤근 지서장은 오히려 뜻밖의 반응을 보였다. '아니 강상호 선생님이 그 곳에 와 계시다니요. 그럼 내일 저가 인사차 뵈러 간다고 좀 전해주십시오.'라고 도리어 아버지를 두둔해 말씀하셨다. 정장환 씨는 상이라도 탈 줄 알았는데 도리어 지서장의 부탁 말씀을 내 아버지에게 전해주어야 되는 꼴이 되었으니 난처한 입장이 되었다. 그러나 지서장님의 부탁 말씀이라 거역할 수도 없고 해 우리 집에 찾아와 박 지서장님의 말씀을 그대로 전해 주었다. 그때 우리는 영문을 몰랐지만 박 지서장님이 찾아오신다는 소식은, 새 한 마리 날아들지 않는 처지인 우리에겐 참 기쁜 소식이었다.

그 다음 날이었다. 전갈대로 박 지서장님은 사이드카를 타고 일반성면 남산리 이장님 집으로 찾아와서 마을 사람들을 초청해 막걸리 대접을 하면서 '백촌 강상호 선생은 빨갱이가 아니고, 독립운동가, 형평운동가로서 나라를 위해 일생을 헌신한 분이다.'라고 해명해 주었다. 그리고 그 모함한 자 편으로 전갈을 보낸 이유는 바로 이웃에 유명한 분이 있다는 것을 알려주기 위함이라고 설명해 주었다. 이러한 박 지서장의 배려는 당시 우리 가족에게는 참으로 크신 은혜였다. 지금도 생각하면 당시 박윤근 지서장이 우리를 보호해 주지 않으셨다면 그 혼란기에 우리 가족이 어떻게 되었을까? 하는 아찔한 생각이 든다."

3. 만년의 삶

백촌은 노년기를 젊은 시절과는 달리 어렵게 넘기고 있었다. 어렵게 세월을 보내던 중, 1952년 어느 날 갑자기 옛 친구인 인촌(仁村)이 생각이 나, 한지를 일정한 간격으로 정성들여 칼로 자른 다음, 풀로 붙여 긴 두루마리를 만들어 펼친 후, 전쟁 통에 머리 부분이 깨진 작은 벼루에 물을 붓고, 쓰다 남은 몽당 먹을 갈아 낡은 붓으로 편지를 썼다.

백촌은 책상이 없어 글을 쓸 때 방바닥에 종이를 그냥 펼쳐 놓고, 앉은 자세로 몸을 약간 수그린 채 붓을 멀리 잡고, 팔꿈치를 방바닥에 붙인 채 자유자재로 쉽게 글씨를 썼다. 백촌이 사용한 서구는 초라했고, 옛 서풍을 따랐으나 그의 초서는 뛰어났다.

피난 가서 살던 명석면 남산리의 텃밭은 그대로이나 초가집은 다른 모습으로 바뀌었다.(강인수 제공)

그 날 백촌은 한나절 동안에 긴 편지를 썼다. 그 편지 내용에는 "산간벽지에서 초근목피(草根木皮)로 생활을 한다."라고 쓴 구절도 들어 있었다. 이렇게 편지를 다 쓴 다음, 알맞게 눌러 접어, 이 편지에 맞도록 만든 봉투 속에 넣어 봉인했다. 그리고 옛 선비의 편지처럼 봉투에 '大韓民國 副統領 金性洙 閣下(대한민국 부통령 김성수 각하)'라고 큰 글씨로 적었다. 그런 후 그 편지를 아들인 인수를 시켜 반성우체국에 가서 등기우편으로 부쳤다. 시골의 작은 중학생이 난데없이 나타나 '대한민국 부통령 김성수 각하'에게 가는 편지를 내미니 우체국 직원들이 수군거렸다. 온 반성에 그 소문이 퍼졌다. 남산에 보통이 넘는 사람이 와서 산다고들 했다.

인촌에게 편지를 보낸 후 한참 동안 답장이 없었다. 약 일 년이 지난 후에야 백촌은 인촌으로부터 연락을 받았다. 그러나 불행하게도 그 때 인촌은 이미 암으로 부산 모 병원에 입원해 투병 중이었다. 아마 인촌도 마지막으로 백촌을 한번 만나보고 싶었던 모양이었다. 백촌은 무거운 발걸음으로 인촌을 만나러 피난 수도인 부산으로 갔다. 이것이 백촌과 인촌과의 마지막 상봉이었다. 그 후 인촌은 1955년 2월 세상을 떠났다.

　　부산을 다녀온 후 백촌은 달라졌다. 모든 것을 다 체념하신 듯 남산에 새로 마련한 초가집의 텃밭에 매달리기 시작했다. 그 마을에서 가장 작은 초가집이지만 햇볕이 잘 드는 남향집이며 뜰 좌우로 전개된 텃밭은 꽤 넓어 칠팔십 평 정도는 되었다. 이미 예순이 넘은 백촌은 텃밭에 채소 가꾸는 것이 일과요 그것을 낙으로 삼았다. 텃밭을 괭이로 파고, 흙더미를 호미로 잘게 깨어서 갈퀴로 큰 돌멩이를 걸러내어 밭이랑을 곱게 다듬어서 상추, 쑥갓, 고추, 가지랑 여러 가지 채소를 심었다. 채소가 파릇파릇 돋아나 풍성하게 자랄 때면 가지도 탐스럽게 익어 보라색 가지가 제법 호기심을 끌었다. 아들 인수가 중학생 때의 일이었다. 한창 먹성이 좋을 때인데 작물들이 그대로 남아 있을 수 있겠는가? 학교에서 시골길을 숨차게 달려왔는데, 먹음직한 통통한 가지 방망이를 입으로 가져가 쑥덕쑥덕 맛있게 베어 먹었다. 그런데 아니나 다를까? 백촌은 손수 가꾼 가지의 수를 다 헤아리고 있었다. 가꾼 가지는 가지라기보다는 대화를 나누는 화초요 친구였던 것이다. 금방 없어진 가지를 알아보시고 벼락이 떨어진 것이다. "애써 가꾼 가지에 누가 손댔느냐?"고 했다. 나중에 아들이 따먹은 것을 알고는 야단을 쳤다. "옛날에 연산군이 어릴 때 선왕께서 사랑스럽게 기르시던 사슴을 활로 쏘아 죽이더니 나중에 커서 폭군이 되었다."고 하며, "저 무엄한 놈이 나중에 무엇이 되겠느냐?"고 했다. 크게 화를 낸 백촌은 온 마을 사람들이 다 지켜보는 가운데 "저놈 붙잡아라." 하시며 끝까지 따라갔다.

　　만년에 백촌은 경제적으로도 매우 궁핍해졌다. 그래서 아들이 중학교를 마치고 고등학교로 진학하게 되었는데, 학비를 대기 어려웠다. 하는 수 없이 백촌의 가족은 집을 줄이기 위해 다시 일반성면 창촌리, 바로 반성역 앞 동네로 이사했다. 1954년 아들은 다행히 진주농림학교 황운성 교장의 주선으로 학비 면제의 혜택을 받을 수 있게 되어 고등학교에 입학을 하게 되었다. 이때부터 백촌은 바깥출입을 자주하였으며 백촌의 가족은 인근 일부 축산기업조합원(구 형평사원)들의 재정 지원으로 연명했다.

4. 투병과 임종, 그리고 장례

투병과 임종

1957년에 백촌은 진주시로부터 제38주년 3.1절 기념식에서 독립선언서를 낭독해 달라는 청을 받았다. 백촌은 쾌히 승낙하고 독립선언문을 직접 붓으로 긴 두루마리 창호지에다 썼다. 그리고 제38주년 3.1절 기념식에서 독립선언문을 직접 낭독했다.

백촌은 1957년 제38주년 3.1절 기념식에 다녀온 후부터는 건강이 좋지 않았다. 거기다 아들 인수가 그해 2월에 고등학교를 졸업한 후 가난으로 대학 진학을 포기하고 희망 없이 허둥대고 있는 모습을 보고는 마음이 편치 않았다. 국채보상운동, 항일독립운

제38주년 3.1절 기념식을 마치고 동지들과 함께 진주시청사 앞에서.(오른쪽 첫 번째가 백촌, 강인수 제공)

좌_백촌이 직접 써서 낭독한 독립선언서. 우_뒷부분(강인수 제공)

IV장 — 형평운동을 그만둔 뒤의 삶

동, 형평운동 등에 몰두하느라, 화려했던 가세도 다 기울어지고, 천석꾼 살림도 없어져 버렸다. 마지막 남은 재산은 봉곡동의 작은 기와집 한 채와 논 몇 마지기가 전부였다. 그것마저도 광복 후 친일 실세 누군가에 의해 국민보도연맹이란 살생부에 이름이 오르게 되어 그 학살을 피하려는 대가로 다 잃고 말았다. 그리해 백촌의 가족은 구 형평사원들의 지원금으로 겨우 연명을 하는 어려운 형편이 되었다. 이것이 바로 백촌의 심기를 불편하게 해 점차로 건강이 나빠졌다.

처음 백촌의 병세는 다행히도 심한 통증이 있거나 병원에 입원할 정도는 아니었다. 백촌이 아프면 일반성면 창촌에서 평화당 약방을 운영하는 김기탁이란 사람이 수시로 와서 주사도 놓아주고 무료로 약을 주었다. 김기탁 씨의 도움을 받으면서도 건강은 시름시름 날로 악화되어 가고 있었다. 백촌이 운명하던 때의 일을 아들 강인수는 다음 같이 회고하고 있다.

> 당시 나는 서울 큰누이 집에 머무르면서 대학 진학을 하지 못한다는 것을 깨닫고 불편한 마음으로 나의 진로에 대해 고심하고 있었다. 그러던 어느 날 어머니가 내게 치신 전보가 날아왔다. '아버지 위독 급 귀가요'란 내용이었다. 나는 그날 정신없이 짐을 챙겨 야간열차로 삼랑진에 도착해 밤을 지새우고, 다음 날 아침에 진주행 기차를 타고 반성역에 도착했다. 바로 그날이

1957년 11월 11일이었다. 집에 도착해 병석에 누워 계신 아버지께 인사를 드렸다. 그때 아버지는 마치 병이 나을 사람처럼 부축을 받아 앉으시며 말씀하셨다.

"내가 오늘 아니면 내일 떠난다. 나와 같이 갈 분이 너와 함께 왔다."고 말씀하셨다. 나는 그때 눈물을 흘리면서 아버지 무슨 그런 말씀을 하십니까? 하고 위로를 드렸다. 그때는 소련이 인공위성 스푸트니크 1호를 지구 궤도 위에 쏘아 올려 온 세계가 떠들썩하였던 때였으므로 나도 아버지께 인공위성 스푸트니크 1호와 달나라에 관한 얘기를 하면서 아버지께서도 하루 빨리 쾌유하시기를 바라며 위로했다. 그러나 아버지는 말씀을 하신 후에는 전혀 다른 모습으로 병석에 다시 누워 계속 주무셨다. 아버지는 어머니와 내가 지켜보는 가운데 말없이 조용히 주무시듯 고통 없이 돌아가셨다. 그때 어머니는 눈을 감지 못한 아버지께 평소와는 달리 냉정하게 "그 많은 재산을 다 탕진하고 끼닛거리도 없이 해놓고 우리는 어찌 살라고 혼자 떠나느냐?"고 쏘아붙이며 울먹였다.

때마침 이웃 친지가 우리 집에 와서 이 광경을 보고 아버지께서 세상을 떠나셨다고 하며, 풍습대로 하얀 옷가지를 지붕 위에 던지라고 해 그렇게 했다. 이때 시계를 보니 자정 12시 5분이었다. "내가 오늘 아니면 내일 떠난다."고 하신 아버지의 말씀이 생각났다. 오늘과 내일의 차이가 5분이었다. 아버지는 1957년 11월 12일 71세를 일기로 한 많은 세상을 떠나셨다.

장례

　백촌이 운명한 날 오후, 해가 저물녘이 되자 장례 절차가 본격적으로 시작되었다. 축산기업 진주조합에서 보낸 장례준비 청년선발대 약 네댓 명이 백촌의 집에 도착했다. 그들은 앞뜰에 먼저 장작불을 피우고, 책상과 의자를 준비해 '백촌 강상호 선생 호상소(栢村姜相鎬先生護喪所)'란 글귀를 써 붙이고 상가의 모양을 갖추었다. 그리고 부고, 통신 및 조의금 접수 등 상가의 업무 일체를 담당했다. 일반성 우체국도 유례없이 무척 분주했다. 38선 이북을 제외하고 제주도를 비롯한 전국 각지의 구 형평사원들로부터 오는 조의금과 조전을 상가에 전하느라고 바삐 움직였다.

　밤이 되자 상가에 연기가 모락모락 피어나고, 조문객도 찾아들어 분위기가 웅성거리기 시작했다. 백촌의 일가친척들도 모여들었다. 그 다음날 11월 13일부터는 전국 각지로부터 구형평사원(한국축산기업조합연합회원)들이 줄을 지어 찾아들기 시작했다. 어떤 이들은 병풍 앞 향로에 분향을 마치고 '선생님, 선생님'하며 서럽던 지난 일들을 들먹이며 울었다. 한국축산기업조합연합회장 조동환, 부산의 이우철, 이복수, 마산의 이점준 등 전국 각지에서 차례로 구형평사원들이 모여 들어 분향을 했다. 형평운동을 같이 시작한 신현수도 문상하러 왔다.

　한편 전국에서 모여든 구형평사원들은 진주에서 집회를 열고, '백촌 강상호 선생 장례위원회'를 구성해 조직적이고 구체적

고 백촌 강상호 선생 고별식장.(강인수 제공)

인 장례 절차를 마련했다. 장례식은 '한국축산기업조합연합회장', 5일장으로, 고별식은 봉곡동 옛집 인근 봉곡동 로터리 광장으로 결정했다. (당시 진주시는 한국전쟁으로 시내 곳곳이 폭격으로 파괴되어 신 도시 계획에 의해 도로와 로터리가 새로 건설되거나 정비되는 과정이어서 봉곡동 로터리는 주위가 텅 빈 큰 공간으로 있었다.)

그리고는 봉곡동 로터리에는 '고 백촌 강상호 선생 고별식장'이란 현수막을 내걸고, 각지 각층에서 오는 조화환도 진열해 고별식장을 꾸몄다.

두건을 쓰고 상주가 된 구 형평사원들의 모습.(강인수 제공)

　　1957년 11월 16일 오전 10시 수많은 조문객들로 에워싸인 '고 백촌 강상호 선생 고별식장'에는 확성기에서 '지금부터 고 강상호 선생의 고별식을 거행하겠습니다.'란 안내 방송이 봉곡동 로터리 광장에 크게 울려 퍼졌다. 장례식장에는 백촌의 아내, 큰아들 인수, 작은아들 해수, 큰딸 계수, 작은딸 남수가 흰 상복을 입고 장례식장 왼쪽에 자리 잡았으며, 그리고 그 뒤에는 일가친척과 진주의 낯익은 옛 친지들이 줄지어 자리 잡았다. 3.1 동지회 한규상, 정성오 등 애국지사들도 있었다. 수많은 진주 시민이 지켜보는 가운데 장례식이 진행되었다. 전국 각지에서 온 구 형평사원들은 하나같이 모두 삼베로 만든 두건을 쓰고 줄을 지어 운집하

구 형평사원 이복수의 추도사 낭독 장면.(강인수 제공)

고별사를 낭독하는 3.1 동지회 한규상 애국지사.(강인수 제공)

였는데 수를 헤아릴 수 없이 많았다. 장례위원장의 장례사에 이어 구 형평사원 이복수의 울먹이며 낭독하는 추도사가 진주시 봉곡동 로터리 창공에 크게 메아리쳤다.

추도사
고 강상호 선생 영전에서

오호 슬프다! 오호 슬프도다.
가시지 않으면 안 될 길을 영원히 가시고야 말았습니까? 오늘의 이 슬픔, 대지의 방방곡곡 우리의 동지마다 다 이 비보를 받고 슬픈 울음소리와 곡소리가 그치지 아니할 뿐입니다. 존경하옵는 선생님이시여! 다시 돌아오지 못하는 길을 가시고야 말았습니까? 금월 14일 아침 이 비보를 들은 제자는 남모르는 한쪽 가슴으로 한없이 울었습니다. 오호 존경하옵는 선생님이시여! 위대한 공적을 남기시고 영영 떠나가신 스승이시여! 육신은 비록 우리 조국의 지하로 묻히시나 그 거역(巨役)한 공적은 영세에 길이길이 빛날 것입니다. 돌아보면 지나간 사적, 이조봉건제도(李朝封建制度)의 청빈주의 사상의 사회에 고기장사, 버들가지의 챙이장사의 선조는 말할 수 없는 고통의 이른바 백정이란 계급에서 멸시와 천대를 받아온, 인간으로서 차마 살아갈 수 없는 가지각색의 형언할 수 없는 그 사실이었지요. 소위 양반계급 층에 짓밟혀 아우성 소리를 지르면서 신음하면서 살아오지 않았습니까? 심지어는 배달의 한 민족으로서 배움의 모임이라는 곳은 들어갈 수 없는 모두들 눈물겨운 비참한 그 시대의 사회제도였습니다. 우리에게는 참으로 한심한 사회였지요.

그러나 정책은 일제식민지 정책으로 변혁되어 사회의 조류는 역시 36년간에 있어 그의 인간 층의 계급 관습이 여전히 물들어 왔건만 아아 장하시어라! 자신만이 잘나고 자신만이 행복된 자리를 차지하고 그들의 부족마저 명예를 부르짖던 세대였건만 위대한 오직 선생님만은 그 시대의 속칭 양반 계급임에도 불구하시고 자기의 신분 명예를 포기하고 심지어 자기의 전 재산을 희사해 가면서 우리들의 고독한 사회적 지위의 인권 해방, 계급 타파를 위해 선봉에 나시어 오직 자유 인권 평등을 부르짖으시며 우리들의 취학의 개방을 부르짖으시며 우리만이 당해 오던 50만 동포를 위해 주야고심(晝夜苦心) 투쟁을 하시지 않으셨습니까?

아 위대하십니다! 장하십니다! 마침내 그 뜻을 이루고 대지가 진동하는 부르짖는 깃발 아래로 발걸음마저 맞추어 그 위대한 업적인 당시의 형평사를 조직해 동지들을 규합하고 방방곡곡에 다대한 공적을 남겨두셨으니, 경남에는 바로 선생님을 비롯해 장지필, 고 이성순, 김두환, 경북에는 고 김경삼, 이싹불, 이춘실, 전라도에는 고 이동익, 조순식, 충청도에는 이지영, 경기도에는 고 이영춘, 그 외에도 무지의 명사 선생님들이 우리들의 생의 가치를 위해 각기의 이상적인 희망의 슬로건을 부르짖을 때 그 대열의 선봉에 서서 지휘한 자가 누구셨습니까?

영원히 잊지 아니하오리다. 그 주인공이 바로 지금 우리들을 남겨두고 혼자만이 다시는 만나볼 수 없는 머나 먼 길을 말없이 떠나가신 선생님이 아니시고 그 누구이십니까? 오호! 스승이시여, 나의 존경하옵는 스승이시여! 고이고이 잠드시옵소서.

당신은 때로는 당신의 동지인 서울의 고 이영춘 댁에서 수십 차례에 걸쳐 동지들을 모아 제자들의 향학을 장려 계몽도 하시며 몇 번이고 울어도 보셨지요.

오호! 장하십니다. 선생님의 뜻이 그대로 이루어지시어서 우리들로서도 저 유명한 국제무대의 제13회 독일 수도 백림 올림픽 대회에 전 일본대표로서 이규환을 비롯해, 제14회 영국 수도 런던 올림픽 대회에 이규혁, 1950년 한국 방송을 통해 한국의 대표로서 해외에 출전 예정이었던 대한의 탁구왕 이○○, 한국 예술계의 유명한 왕자 고○○, 대학 종교학의 교수, 목사, 군목, 대한 체육회의 초대 이사, 법조계의 ○○○ 등과 그 외에도 숨은 허다한 명사들을 오늘날 같이 길러주신 그 토대의 선생님이 누구이셨습니까? 모두가 다 선생님이셨습니다. 피리 불던 내 고장 산간벽지에서 지나간 날에 나는 몇 번이고 울어도 보고 슬퍼도 보았던 옛 시절의 그 내 고향살이 몸서리치는 당시 사회적 지위에 나는 죽고도 싶었습니다. 부모님을 원망스럽게 여겨 보기도 하였습니다. 바로 그때였습니다. 내가 초등학교 재학 중 형평사라는 표제의 책을 읽고 새 희망과 용기를 얻었지요. 오늘 날까지 지구는 회전하며 세월은 흐르고 또 흘러 선생님은 너무 나도 잘 아시겠지요.

오늘날 우리들의 모임마다 골육상쟁격의 감투싸움, 유언비어, 중상묘략, 동지간의 상도 이탈, 동지간의 모략획책, 감언이설 그리고 이용과 배신, 달면 삼키고, 쓰면 뱉는 이러한 험한 때 악담을 지어내고 있는 금일이 우리 동지간의 현실입니다.

오호! 영원히 고이 떠나신 선생님이시여! 선생님은 오래 동안 병환으로 신음하시면서 지나간 우리들의 역사를 추억하며 무척 애석해 하셨겠지요. 어느 자식이 부모를 사모할 줄 모르며 부모는 자식을 사랑할 줄 모르겠습니까? 이 소 제자는 한없이 오늘날의 우리의 사회를 원망하면서 참된 벗이 꽃이 되어 이어지는 역사의 줄거리를 기억해 길이길이 선생님의 공로를 후세에 알리고자 명심하고 악한 인간을 배척해 참된 모임의 슬로건을 휘날리며 올바른 뜻을 받들겠습니다.

오호! 위대한 선생님이시여, 당신께서는 미국의 흑인노예정책 제도를 반대하고 전 흑인종을 해방해 백인과 동등권을 부여하며 세계 인류사상에 불멸의 금자탑을 세운 저 영웅 고 링컨 대통령과도 못지않습니다.

오호! 존경하옵는 선생님이시여, 당신의 동지들은 오늘 지하에서 눈물로써 오늘의 당신을 맞이할 것이 아닙니까? 오호! 무심하게도 떠나신 선생님이시여, 길이길이 우리들을 보살펴주옵소서. 그리하여 우리의 모임도 참된 꽃의 동산이 되어 한마음 한뜻으로 동지간의 참된 친목의 모임체가 되게 하소서. 오호! 선생님이시여, 슬프옵니다. 고이고이 안녕히 잠드시옵소서.

1957년 11월 16일
구 형평사 사원 이복수 근조

이복수 구 형평사원의 추도사에 이어, 천옥석 진주시의회장의 조사가 낭독되었으며, 진주 3.1 동지회를 대표해 한규상 애국지사의 애절한 고별사가 있었다.

1957년 11월 16일 10시 봉곡동 로타리에서 이렇게 백촌 강상호 선생의 고별식이 끝나자 곧 봉곡동 로터리에서 새벼리 묘소로 향하는 장례 행렬이 시작되었다. 백촌 강상호 선생의 서거를 애도하는 만장은 가을바람을 타고 새벼리 푸른 하늘을 빼곡히 아름답게 수놓았으며, 하나같이 머리에 두건을 쓴 구 형평사원들과 진주 시민의 장례 행렬은 진주 남강교에서 새벼리까지 끝없이 이어졌다. 장례 행렬이 새벼리 입구에 거의 다다를 즈음 마침 지프

새벼리 장지를 향하는 장례 행렬의 한 장면.(강인수 제공)

새벼리의 가을 하늘에 나부끼는 끝없는 만장.(강인수 제공)

진주 새벼리에 있는 백촌 강상호 묘소

차를 타고 새벼리를 지나가던 어느 육군 장성은 이 광경을 보고 지프차에서 내려 정중히 예를 갖추기도 했다. 진주가 생긴 후 이보다 더 큰 장례를 본 적은 없었다고 그날 장례식을 지켜본 시민들은 증언하고 있다. 《경남일보》도 '형평운동가 강상호 선생 별세'란 제목으로 상세히 보도했다.

백촌의 묘소에는 최근까지 백촌의 묘소임을 알리는 묘지명이나 안내판도 없었다. 이를 안타까이 생각하는 독지가가 성금을 기탁해 소박한 추모비가 세워지고, 전갑생 씨가 추모시를 지었다.

추도사

전갑생

어느 익명으로 성금을 기탁한
한 시민의 원에 따라 동지들과 함께
백촌 선생 묘소에 돌 하나 세워 고유제를 올리다
1999년 3월 오후 3시

조선 오백년 봉건제도에서
숨죽였던 세월들
인간이고자 떨쳐 일어났던
그날 함성소리들
백정계급의 희망이었던 선생이시여
그 긴긴 억압의 역사를 씻어버리고
그 아우성쳤던 진주청년회관에서
백정해방운동의 시초이자
영원한 백정들의 아버지시여
인간은 저울처럼 평등하니
차별받는 사회악습에서
철옹성 같은 구제도에서
한 몸을 던진 열사여
진주 땅에 살고 있는 민중을 위해

아낌없이 주었고

스스로 떨쳐 일어날 수 있는 용기와

그 투쟁적 삶의 가르침들

선생께서 가진 모든 것을

수많은 재산과 전답을

백정해방운동의 뒷받침이 되었던

사십만의 백정계급의 어버이시여

이곳 을씨년스러운 새벼리에

어느 누구도 찾지 않고

하나의 이정표도 없이

홀로 잠들어 계시오니

백정들의 참다운 세상을 꿈꾸었던

그 참 아름다운 삶이여!

최근에는 향토사학자인 추경화 씨가 백촌을 추모하는 시를 지어 백촌의 삶을 되돌아보게 했다.

백촌 강상호 선생

추경화

진주에서 태어나신 선각자이시여

일제에 나라가 진 큰 채무 일천삼백만원 갚으시려

동분서주로 국채보상운동 하셨고

청년회 지도자로 미래를 인도하셨고
신간회 간사로 항일의 기치 높이셨네.

이웃사랑으로
부친의 채권증서 소각하시고
노동연합회장으로 추대되어 헌신하셨네.

이만 군중 앞장 서 3.1만세 지도하시어
일경의 탄압받고 옥중에서 고생하신
일편단심 그 푸른 충절 잊을 수 없도다.

온 누리에 백정해방 형평운동
만민이 저울같이 평등한 세상 외쳤으니
아! 자유 평등 평화 민주화초석이로다.

3.1만세 독립운동 애국심이요,
도청 이전반대 애향심이며
형평운동 평등정신 애족심이로다.

백촌이 남긴 유물로는 친필 유묵 독립선언서가 유일하게 남아 있다. 이 외에도 백촌이 쓴 글들이 남아 있었다. 서두에 〈육·이오 변란기(六·二五 變亂記)〉란 제목으로 시작하는 피난일기였는데, 진주형평사원들로부터 받은 고마운 일들을 일일이 기록되어 있으며 김삼수와 박일남 등의 이름이 적혀 있었다. 마지막 매듭의 말에서는 "나는 공산주의가 아니다"라고 적은 글귀가 있었다. 이 유서야말로 중요한 의미를 가지고 있는 것인데, 장례식날 이 소중한 유서가 휴지조각처럼 불태워져 버렸다. 그 나머지들도 아들이 정리정돈 한답시고 유물들을 불태우고 있을 때 백촌의 아내가 눈물을 흘리시며 이 무심한 불효자식 같은 놈 하고 아들을 꾸짖었다. 그 밖의 많은 백촌의 유품과 소장품들은 장례로 혼잡할 때 분실하였거나 빌려주었다가 영영 되돌려 받지 못했다.

백촌의 아내

양반집 딸로서 부유한 집에 시집와 전통사회의 여성답게 한평생 남편 백촌의 뒷바라지만을 하였으나, 만년에는 극심한 가난과 고독과 고통 속에서 살다 백촌이 서거한 지 6년 후 1963년 12월에 세상을 떠냈다. 이런 어머니를 추모하기 위해 아들 인수 씨가 시를 지었다.

장남 강인수가 1958년 군에 입대한 후의 이갑례 씨.(강인수 제공)

어머님 영전에

하느님이 어머니 눈에서 온갖 눈물을 씻어 주시리이다.
금지옥엽(金枝玉葉)같이 자라
독립운동가 형평운동가의 아내가 된 어머니!
평생을 일본 고등계형사 앞잡이의 감시를 받으며
광복 후 성공한 친일파들로부터 돌팔매를 맞으며
불안과 초조 공포 속에 늙어버리신
철석(鐵石)같은 어머니
불효자식 군에 가던 날 눈물을 감추시더니
혼자서 기나 긴 세월을 무슨 낙으로 보내셨습니까
아무도 벌어다 주는 이 없는 보릿고개는
무엇으로 끼니를 때우셨습니까
강변 들녘에서 나물 캐고 보리밭에서 이삭을 주워서
요기(療飢)를 하셨겠지요
한 많은 어머니!
자식 잘 되기 바라시다 마지막 작은 희망도 버리고
절망하신 어머니!
이 철부지 불효자식들은 온갖 구실을 붙여
새 한 마리 날아오지 않는 곳에 어머니를 홀로
내 버려두었습니다.

눈보라 휘몰아치던 무서운 밤에도 혼자셨으며

춘삼월 둔탁한 벽시계가 새벽의 고요를 깰 때에도

여름 밤하늘 별을 보실 때에도 낙엽 지는 가을 달밤에도

태극기 달던 삼일절 광복절 아침에도

마음 붙일 곳 없어 혼자 말없이 우셨습니다.

어머니!

이제는 고통이 없고 절망도 안타까움도 없으리이다.

하느님이 어머니 눈에서 온갖 눈물을 씻어 주시리이다.

백촌 강상호

후기

기념품 증정 (1928년)

백촌이 형평사를 창립하고 형평운동을 주도한 공로를 인정해, 1928년 4월 28일 밀양에서 조직된 경남형평연맹 집행위원회에서 강상호의 송덕비 건립이 논의되었다. 그러나 백촌의 완강한 반대로 저지되고, 그 대신 기념품을 증정하기로 결정되었다.

독립운동 공로 감사장 수여 (1989년)

백촌이 서거한 지 32년이 지난 1989년에 진주시장이 백촌이 독립운동을 한 공로를 인정해 감사장을 수여했다.

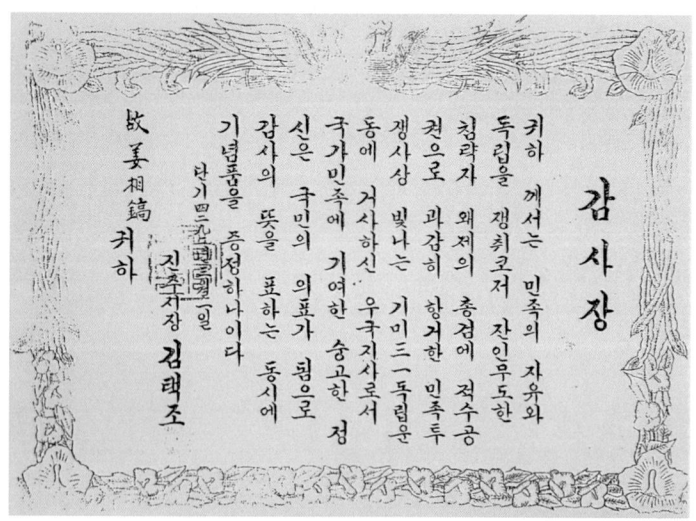

1989년 진주시장이 백촌이 독립운동을 한 공로를 인정해 수여한 감사장.

형평운동 70주년기념 국제학술대회 개최
(1993년)

　　백촌이 주도해 만든 형평사, 그리고 형평사가 일으킨 형평운동이 일어난 지 90년 이상 세월이 지나갔다. 그 동안 한국 사회는 급속한 사회 변화를 겪었다. 거기에다 자유민주주의 정치제도의 도입, 한국전쟁으로 급격한 인구 이동으로 인해 신분 제도는 급속히 사라지게 되었다. 이와 함께 '형평운동'에 대한 기억도 점차 사라지게 되었다. 그리해 이 운동의 발생지인 진주에서조차 나이 많은 사람들의 기억 속에만 남게 되었다.

　　그러나 백촌이 주도해 일으킨 형평운동은 단지 '백정들의 신분 해방'을 넘어 그 역사적 가치가 워낙 큰 것이어서 그대로 땅 속에 묻히지 않았다. 오늘날 진주에서 '형평운동'의 역사적 가치를 되살아나게 하고, 형평정신을 선양하게 만든 사람은 김중섭 교수이다. 김 교수는 경상대학교에 교수로 부임하고 진주에 자리를 잡으면서 본격적으로 형평운동에 관한 연구를 해, 형평운동의 기억이 진주에서 되살아나게 했다. 김 교수의 제안으로 1993년에 <형평운동 70주년 기념 국제학술회의>를 경상대학교에서 개최했다. 이 학술대회는 1923년 4월 23일 경상대학교에서 경남문화연구소와 사회과학연구소가 공동으로 개최했다. 이 학술대회의 경과에 대해서는 학술대회가 끝난 뒤 발간한 《형평운동의 재인식》이란 논문집의 발문 <국제학술회의 개최 경과>에 실려 있다.

형평운동 70주년 기념
국제학술회의 개최 경과

금년(1993년) 4월 25일은 형평사가 창립된 지 70주년이 되는 날이다. 이 땅에 더불어 살아온 사람들 중에서 신분 제도 때문에 수백 년 동안 가장 천대받으며 살아 왔던 백정들이 그들의 인권을 되찾기 위해 분연히 일어난 지 70년이란 세월이 흘렀다. 이 해를 맞아 경상대학교 경남문화연구소와 사회과학연구소에서는 지난 4월 이 형평운동을 학술적으로 조명하기 위해 학술회의를 갖기로 합의했다.
두 연구소가 이 학술회의를 본교에서 개최하기로 결정하게 된 것은 무엇보다도 형평 운동의 발상지가 진주였기 때문이다. 그런데 그 소기의 목표가 제대로 달성되려면 진주 지역민들의 참여와 도움이 절실했다. 마침 지역사회사람들이 중심이 되어 〈형평운동 70주년기념 사업회〉를 조직해 그 사업으로 기념식, 국제학술회의, 기념탑 건립의 셋을 정하고, 이 사업 중의 하나를 우리 대학에 일임해 주었다. 물론 학술회의에 드는 제반 경비 일체도 부담해 주기로 했다.
추진 과정에서 가장 먼저 논의된 사항은 학술회의 때 주제 발표자 선정 문제였다. 이제까지 우리 학계는 형평운동에 관한 관심이 대단

《형평 운동의 재인식》
표지 사진.

히 소홀한 실정이어서, 연구자 및 논문의 수가 손가락에 꼽을 정도였다. 그래서 명실공히 형평운동을 재인식하고자 국내외의 관련 학자들을 최대한 한자리에 모으게 되었다. 그 결과 외국 거주의 학자로는 미국의 임순만 교수(윌리암 패터슨 뉴저지주립대), 영국의 이안 니어리 교수(에섹스대), 일본의 토모나가 겐조 씨(부락해방연구소장), 신기수 씨(일본 오사카 소재 청구문화홀 대표) 등이 선정되었다. 여기에 국내 학자 진덕규 교수(이화여대), 고숙화 씨(국사편찬위원회), 김중섭 교수(경상대), 김준형 교수(경상대)가 주제 발표자로 참석하게 됨으로써 형평운동에 관한 국내외 연구자가 거의 모두 한자리에 모일 수 있게 되었다.

애초에 이 학술회의의 준비는 두 연구소 소장, 간사 네 사람이 맡아 일을 추진해 왔다. 그러나 시간이 지날수록 업무가 많아져서 준비위원회를 조직할 필요가 생겼다. 10월 14일에 모임을 갖고 준비위원회를 조직한 후 주제 발표 일정, 발표 장소, 사회자, 통역자, 예산, 만찬연 등 학술회의에 관한 제반 문제를 상의했다. 준비위원회 조직은 다음과 같이 했다: 위원장에 조규태(업무총괄, 회의 주제), 부위원장에 박재홍(실무 집행, 재정 담당), 학외 업무 담당에 김홍범, 홍보 담당에 유낙근, 출판 업무 담당에 최시한과 지승종, 학내 업무 담당에 김준형과 이상필, 제반업무연락에 김중섭. 이 후 각기 맡은 업무를 수행하면서 11월 17일, 93년 3월 15일, 4월 6일에 모여 새로 논의할 사항, 업무 추진 경과 점검, 협조 사항 등에 관해 협의하기도 했다.

예정대로 "형평운동의 현대적 조명"이란 주제 아래 4월 23일 10시부터 학술회의가 시작되었다. 회의 직전에 간단한 개회식이 있었는데, 개회사(준비위원장 조규태), 환영사(형평운동 70주년 기념사업회장 김장하), 축사(경상대학교 총장 빈영호) 등의 순으로 진행되었다. 학술회의는 오전에 다섯 사람이 주제 발표를 하고 오후에 3사람이 주제 발표를 한 뒤 종합토론을 했다. 종합토론으로 1시간 20분의 시간이 예정되었으나 질문이 쏟아져 예정보다 30분이 지나서야 학술회의가 종료되었다. 이 날 학술회의는 본관 5층 대회의실에서 개최되었는데 마련되어 있는 좌석이 모두 가득 차는 성황을 이루었다. 특히 일본인들이 다수 참석하였는데 일본 부락해방연구소원 23명, 통역자 3명, 언론인 3명 등 모두 29명이 참여했다. 이 학술대회 직전에 대학당국에서 통시통역

시설을 마련해 주어 명실공히 국제학술회의답게 진행되었다. 국내외의 많은 사람들이 이 학술회의에 대단한 관심을 보여 주었다. 각지에서 온 참석자들도 많았고, 자료만 요청한 사람들도 많았다. 특히 전국의 주요 언론들의 관심은 놀랄 만큼 컸다. 그처럼 전 언론 매체에 고루 보도된 학술회의도 아마 드물 것이다. 그러나 지역 언론을 제외하고는 형평운동이 백정 해방 운동이었다는 사건에만 관심이 있을 뿐, 이 학술회의를 통해 형평운동이 우리 근대사에서 신분 해방과 인권 신장을 위한 획기적인 사회운동이었음을 밝히고자 한 우리의 의도를 살리는 데 미흡한 점들이 있어 아쉬웠다.

이 학술회의가 기대 이상의 효과를 거두면서 원만히 마무리되기까지에는 많은 분들의 도움이 있었다. 물심양면의 도움을 주신 기념사업회 김장하 회장님, 학술대회가 잘 진행될 수 있도록 갖가지 배려를 해주신 빈영호 총장님, 이근후 기획연구실장님, 이 학술대회를 여러모로 후원해주신 '경남일보'와 '진주신문' 임직원 여러분, 이 모든 분들의 도움에 깊이 감사드린다. 이 학술회의를 준비하는 동안 헌신적으로 노력해 준 준비위원들의 노고는 우리 대학 발전에 밑거름이 되어 살아 있으리라 믿어 의심치 않는다.

1993년 6월 10일
경상대학교 경남문화연구소장 조규태
사회과학연구소장 박재홍

형평운동 기념탑 건립 (1996년)

이 학술회의를 개최한 후, 형평운동기념사업회에서는 형평운동을 영원히 기념하고자 형평운동기념탑을 세우기로 결의했다. 국내외의 뜻있는 사람들을 대상으로 모금을 운동을 해 1,500여 명이 동참하였고, 김장하 님이 거액을 쾌척했다. 기념탑은 조각가 심정수가 제작하였고, 부지는 진주시가 제공해 진주성 촉석문 앞에 기념탑의 건립이 가능하게 되었다. 1996년 12월 10일, 세계인권선언기념일에 맞추어 진주성 정문 앞에서 형평운동 기념탑 준공식이 거행되었다. 형평운동 기념탑에는 다음과 같은 내용이 새겨져 있다.

> 1923년 4월 25[1]일 이 곳 진주에서는 '저울(衡)처럼 공평(平)한 사회'를 만들고자 한 선각자들이 모여 형평사(衡平社)를 창립했다. 형평사는 각지의 성원에 힘입어 전국 조직으로 자라면서 1935년까지 평등 사회를 이루려는 활동을 펼쳤다. 멸시와 천대에 시달리던 백정들과 그들의 처지에 공감한 분들이 힘을 모아 펼친 형평운동은 수천 년에 걸친 신분 차별의 고질을 없애려는 우리나라 인권운동의 금자탑이다. 누구나 공평하게 인간 존엄을 누리고 서로 사랑하며 사는 사회를 만들자던 형평운동의 높은 이상은 오늘날 아직도 이루지 못한 인류의 꿈으로 남아 있어서 그

조각가 심정수가 제작해 진주시가 부지를 제공한 진주성 촉석문 앞에 건립된 기념탑.

때의 운동이 더욱 돋보인다. 이제, 70여 년 전 어둡고 힘겹던 시절에 거룩한 인간 사랑의 정신을 드높여 기리고 아름답게 꽃피울 수 있기를 바라면서 뜻있는 분들의 열의와 정성을 모아 유서 깊은 진주성 앞에 이 탑을 세운다.

1996년 12월 10일
형평운동 기념사업회

1   기념탑에는 4월 24일로 새겨져 있으나, 실제로는 4월 25일임.

백촌 강상호 묘역 안내판 제막식.(형평운동기념사업회)   동석예배를 본 진주교회 안내판

　　형평운동기념사업회는 형평운동기념탑을 건립한 이후로는 한동안 활동을 중지했다. 그러다가 2003년에 이르러 형평운동의 정신을 계승하기 위해 조직을 개편해 새로이 평평운동기념사업회가 만들어졌다. 2004년부터 장애인 인식 개선을 위한 활동(2004~2005년), 인권에 대한 인식 개선을 위한 교육과 교재 개발(2007~2009년), '형평운동가 강상호 선생의 재조명'을 위한 공청회 개최(2008년) 등의 활동을 했다. 그리고 2012년 4월 25일에는 강상호 묘역 입구에 우리말, 영어, 일어로 된 '형평운동가 강상호 묘역 안내판' 제막식을 가졌으며, 2013년에 4월 25일에는 진주교회 입구에 '진주에서 최초로 일반인과 백정들이 함께 예배본 교회'라는 안내판 제막식을 가졌다.

대통령 표창 추서 (2005년)

　　백촌 강상호 선생이 서거한 지 48년째 되는 2005년 11월 17일에, 항일 공적을 인정받아 대통령 표창이 추서되었다. 백촌은 1919년 3월 18일 진주에서 일어난 독립만세시위에 주모자로 당일 체포되었다. 시위자들의 선두에 서서 시위를 지휘하던 백촌은 일본 경찰에 체포되어 진주유치장에 감금되어 모진 고문을 받았다. 그해 4월 20일 부산지법 진주지청에서 재판을 받아, 보안법 위반 및 출판법 위반이란 죄목으로 징역 1년형이 언도되었다.[2] 그리고는 바로 대구 형무소에서 징역형을 살았다. 그러다 뜻밖에도 같은 해 11월 4일 석방명령서가 하달되어 11월 5일 출옥했다. 징역 1년형을 받았는데, 감형 처분을 받아 11월 5일에 석방된 것이다. 11월 5일에 석방되었다는 것은 6개월 징역형을 받은 것이 아님을 말해 준다. 그런데 어찌된 일인지 경찰청의 기록에는 징역 6월형이라고 기재되어 있다. 국가보훈처에서는 이 기록을 근거로 대통령 표창을 추서한 것이다. 백촌이 받은 징역형이 1년이 확실하다면 훈·포장이 조정되어 건국훈장을 받을 수 있을 텐데, 아쉬운 일이 아닐 수 없다.[3]

---

2 《매일신보》, 1919년 4월 23일, 25일자.
3 〈대구복심법원관결문〉, 1919년 6월 7일. 〈고등경찰관계적록〉, 1936년 12월, 〈국가보훈처 신분장지문원지 확인서〉, 2002년 3월 4일. 〈마산보훈지청 경남항일독립운동 참여자록〉, 2001. 〈대구형무소(교도소) 재감기록〉.

형평사와 수평사 교류 기록 유네스코 기록유산 등재
(2016년)

일제강점기에 한일 양국에서 신분 차별에 맞서 싸웠던 두 단체가 교류한 기록이 2016년 유네스코 세계기록유산 아시아태평양지역판에 등재되었다. 백정의 신분 차별 철폐를 내걸고 1923년 경남 진주에서 설립된 사회운동단체 '형평사(衡平社)'와 일본의 최하층민 부라쿠민(部落民) 해방운동을 위해 1922년에 설립된 '수평사(水平社)'의 교류를 기록한 자료이다.

두 단체는 1924년부터 인적 교류를 하고 각종 행사에 축사와 축전을 보냈다. 이번에 등재된 제3회 수평사 대회 자료에 따르면 1924년 3월에 열린 전국대회에서 이 단체는 "조선에서 차별 대우를 받는 백정이라는 계급이 형평사를 조직했다. 강령이 유사해 연락하고 싶다."는 내용의 안건을 통과시켰다. 수평사는 그 전해인 1923년 '피차별 소수자의 국제연대'를 결의했다. 형평사와의 교류도 그 일환이었다. 등재 자료에는 형평사 창립 과정 등을 기록한 수평사 관계자의 수첩, 수평사 기관지에 실린 형평사 관련 기사 등 일본 나라현 수평사박물관이 소장한 유물 5점이 포함되었다. 아태지역판은 유네스코 세계기록유산 아태지역위원회(MOWCAP)가 1998년부터 선정하는 것으로 유네스코 국제자문위원회(IAC)가 선정하는 세계기록유산과는 다른 것이다.[4]

4   《동아일보》 인터넷판, 2016년 5월 26일자.

연보

1887년 6월 3일	진주군(지금의 진주시) 정촌면 가좌리 449번지에서 강재순의 장남으로 출생.
1893년(7세)	한학자 원충여의 문하생으로 들어가 한학 공부.
1904년(18세)	진주 낙육고등학교 졸업.
1905년(19세)	경주 이씨 이규권의 딸 이귀인과 결혼.
1906년(20세)	공립진주보통학교 입학.
1907년(21세)	국채보상운동 경남회 결성 및 모금 활동.
1909년(23세)	경남진주학생친목회 회장을 맡음. 《경남일보》 11월 6일자 제3호에 창간 축시 게재.
1910년 6월(24세)	공립진주보통학교 졸업, 진주공립실업학교 입학. 부친 강재순의 주도로 봉양학교 개교.
1912년(26세)	진주공립농업학교 졸업.(제1기 졸업생, 현 경남과학기술대학교)
1915년 5월 13일(29세)	진주공립보통학교 학무위원으로 위촉됨.
1917년(31세)	가뭄과 홍수로 피해를 입은 주민들을 위해 호세를 대신 납부.
1919년 3월 18일(33세)	3.1 만세운동을 주도하다 체포, 구금.
1919년 11월 5일(33세)	1년형을 선고받고 대구형무소 복역 중 석방.
1920년 3월(34세)	사립 일신고보 설립 기성회 발기인으로 참여.
1920년 4월(34세)	《동아일보》 초대 진주지국장을 맡아 1921년 1월까지 일함.
1922년 1월 19일(36세)	전주 이씨 이갑례와 재혼.
1923년 4월 25일(37세)	형평사 창립 주도, 창립식 사회를 봄.
1923년 8월 11일(37세)	진주노동공제회 회계를 맡음.

1923년 8월(37세)	형평사 야학 개설.
1924년 1월 8일(38세)	'시미즈 사타로 저울부정 사건 폭로 시민대회' 실행위원으로 일함.
1924년 10월 18일(38세)	동우사 조직, 발기인으로 참여.
1925년 1월(39세)	도청 이전 반대 모임 실행 위원이 됨.
1927년(41세)	진주사회운동단체협의회 발기인으로 참여.
1929년(43세)	진주 신간회 위원으로 참여.
1935년 4월 24일(49세)	형평사가 대동사로 이름을 바꿈.
1936년 6월(50세)	대동사 전남연합회 창립대회에서 부의장으로 사회를 본 것을 마지막으로 형평사를 떠남.
1946년(60세)	진주 3.1동지회 초대회장을 맡음.
1953년(67세)	부산에서 투병 중이던 인촌 김성수를 만남.
1957년(71세)	진주시의 요청으로 제38주년 3.1절 기념식에서 독립선언서 낭독.
1957년 11월 12일(71세)	숙환으로 별세.

참고 문헌

《형평운동연구》, 김중섭, 민영사, 1994년
《형평운동》(진주문화를 찾아서3), 김중섭, 지식산업사, 2001년
《1862년 진주농민항쟁》(진주문화를 찾아서 4), 김준형, 지식산업사, 2001년
《형평운동》, 고숙화, 천안 독립기념관 한국독립운동사연구소, 2008년
《사회운동의 시대》, 김중섭, 북코리아, 2012년
《은총의 여정》, 강인수, 2015년
《진주에 뿌려진 복음》, 조헌국, 디자인모토, 2015년
《평등 사회를 향해》, 김중섭, 지식산업사, 2015년
《디지털 진주문화대전》, 진주문화원
《한국민족문화백과대사전》, 한국정신문화연구원
《강상호 선생 공적자료집》, 김경현, 한국근현대사연구회